CAMPAGNES

DES FRANÇAIS EN ITALIE,

OU

HISTOIRE MILITAIRE,

POLITIQUE ET PHILOSOPHIQUE

DE LA RÉVOLUTION.

CAMPAGNES

DES FRANÇAIS EN ITALIE,

OU

HISTOIRE MILITAIRE,

POLITIQUE ET PHILOSOPHIQUE

DE LA RÉVOLUTION,

CONTENANT ce qui s'est passé de relatif à la République française, en Afrique, à Naples, à Rome, à Venise, à Gênes, à Milan, en Sardaigne, dans l'isle de Corse, en Savoie, à Genève, en Suisse, dans le midi de la France, et les causes des divers évènemens; en outre, ce qui s'est passé de plus intéressant à la Convention nationale et dans les deux Conseils; avec les Époques des faits et des décrets les plus frappans, mises à la fin de chaque volume.

PAR C. L. G. DESJARDINS.

TOME QUATRIÈME.

A PARIS,

Chez PONTHIEU, Libraire, rue des Mathurins, n°. 330.

———

AN VI.

CAMPAGNES

DES FRANÇAIS EN ITALIE,

OU

HISTOIRE MILITAIRE,

POLITIQUE ET PHILOSOPHIQUE

DE LA RÉVOLUTION.

CHAPITRE PREMIER.

Détails des forces ennemies opposées aux Français. Le général Beaulieu succède au général Dewins. Bataille de Montenotte. Bataille de Millesimo. Courage du lieutenant-général Provera. Combat de Dego. Lettres écrites par le directoire exécutif de la France aux généraux français pour leur témoigner sa satisfaction. Bataille de Mondovi. Prise

Campagnes des Français en Italie, de Bêne. *Prises de Fossano, de Cherasco et d'Alba. Proclamation de Buonaparte à ses soldats. Demande d'un armistice par le général piémontais Colli. Envoi au directoire exécutif de France de vingt-un drapeaux enlevés aux ennemis.*

Dès que Buonaparte fut à la tête des forces que la république française entretenait dans l'Italie, ce général voulut, d'une armée victorieuse, qui cependant se tenait depuis long-tems sur la défensive, en faire une armée conquérante. Le général français n'avait de son côté que l'avantage de son intrépidité, de ses talens militaires, du desir ardent de se faire un nom immortel joint à un grand amour pour sa patrie. Avec de pareils moyens, Buonaparte fit voir qu'un général, qui sait gagner le cœur de ses troupes, peut venir à bout de tout. La force des armées de la république française en Italie ne se montait pas à plus de cinquante-six mille hommes, lorsque Buonaparte vint se mettre à leur tête; et il avait peu de ressources en transports et en vivres. Il fallait une activité extraordinaire pour avoir des succès; le nouveau général était plein d'ardeur et de feu, et avait tout ce qui était nécessaire pour tirer avantage des circonstances, et pour profiter des momens afin d'augmenter ses moyens. « Si nous sommes vaincus, disait-il, j'aurai trop; vainqueurs nous n'avons besoin de rien. »

A l'ouverture de la campagne, les forces autrichiennes se montaient à quatre-vingt mille hommes; le roi de Sardaigne avait une armée de soixante mille hommes, sans comprendre ses milices armées et sur pied qui étaient de trente mille hommes; le roi de Naples avait à sa disposition quatre-vingt mille hommes. Deux mille quatre cents hommes de sa cavalerie étaient réunis aux Autrichiens en Lombardie, et quarante mille hommes étaient rassemblés sur ses frontières, en deux camps. Le pape avait environ vingt mille hommes. Les ducs de Parme et de Modène, n'osant pas fournir des troupes à la coalition, venaient à son secours par des munitions et de l'argent. Si les Gouvernemens de Venise et de Gênes s'étaient décidés à rester neutres, ce n'était qu'en apparence, ils favorisaient en secret le parti des puissances coalisées.

Tous les Gouvernemens de l'Italie conspiraient à fermer le passage de cette contrée aux Français ; il n'y avait qu'un petit nombre d'italiens éclairés qui desiraient ces républicains au-delà des Alpes. Les principes français trouvaient, pour ainsi dire, plus d'opposition dans les Gouvernemens de Venise et de Gênes que chez les princes coalisés : il n'y avait eu que la crainte d'agir et la faiblesse qui avaient retenu ces Gouvernemens dans l'inaction. Ils redoutaient l'effervescence qu'ils n'étaient pas assurés de diriger à leur gré, et le moindre mouvement eût été contraire à leur sûreté. Dans la nouvelle neutralité de la Toscane, le grand-duc trouvait l'avantage de concentrer pour un tems tout le commerce de l'Italie, s'il pouvait parvenir à conserver l'équilibre entre la France et l'Angleterre.

Les Français avaient non-seulement à

tenir tête à une force armée de deux cents soixante-dix mille hommes, mais encore ils avaient à les battre, s'ils voulaient faire la conquête de l'Italie. A cet obstacle imposant, il s'en présentait d'autres qui n'étaient pas moins dangereux pour eux. D'un côté, la chaleur et l'insalubrité d'un climat qui avaient tant de fois donné la mort aux troupes françaises; d'un autre côté, les efforts, l'opposition et l'influence d'un clergé nombreux et puissant sur un peuple que la superstition avait asservi et qu'on avait eu soin de préoccuper contre les Francais, et sur-tout contre leurs opinions que les prêtres craignaient encore plus que la force de leurs armes, étaient des ressources pour les puissances coalisées de l'Italie, qu'on regardait comme très-pernicieuses aux armées françaises.

Quoique le général Dewins eut éprouvé récemment une défaite complette, les Autrichiens n'avaient perdu que la côte du territoire de Gênes, qui s'étend de Savonne à Voltri, et la facilité de communiquer avec la flotte anglaise. L'empereur avait confié le commandement de ses troupes au général Beaulieu; il avait eu le tems de renforcer son armée, parce que les Français n'avaient pas tiré de leurs dernières victoires tout l'avantage qu'ils auraient pu en retirer. Pour avoir des succès contre une masse aussi imposante de forces qui étaient opposées aux armées françaises, il fallait le courage des Français; et il fallait aux Français, souffrant depuis deux ans les plus grandes privations sur les rochers stériles de la rivière de Gênes, un général intrépide, sage et politique, et ils trouvèrent ce général dans Buonaparte. Outre que ce général avait donné des preuves de ce qu'il savait faire au siége de Toulon, livrée aux Anglais et aux Espagnols réunis, outre qu'il avait servi à consolider, à Paris, la constitution de l'an 3, il joignait une extrême prudence à un profond discernement et à de grands talens militaires.

Tous les débouchés et toutes les hauteurs des Alpes, dominant la rivière de Gênes, étaient occupés par les Piémontais et les Autrichiens. La droite des Français était appuyée sur Savonne, leur gauche était appuyée vers Montenotte. Ils avaient à Voltri, à six lieues de Savonne et trois de Gênes, en avant de leur droite, les soixante-dixième et quatre-vingt-dix-neuvième demi-brigades.

La présence de deux armées ennemies donnait de l'inquiétude au Gouvernement génois; il s'occupa de la défense de la ville du côté de Voltri. Quoique le Gouvernement eut des postes, le général Beaulieu fit passer ses troupes sous le canon de ces postes, à Novi, à Gavi, à la Bochetta, sans éprouver la moindre résistance de la part du sénat de Gênes. On se contenta seulement d'employer les armes de la diplomatie, et on fit de vaines protestations contre cette violation de territoire.

Le général Beaulieu fit faire pendant quelques jours des mouvemens à ses troupes, pour donner l'échange aux Français; et le 20 germinal de l'an 4, il fit avancer dix mille hommes pour attaquer le poste de Voltri. Le général Cervoni était dans ce poste avec trois mille hommes; après s'y être défendu avec courage, il reçut l'ordre de la part du général Buonaparte de se retirer sur la Madone de Savonne. Le plus grand ordre fut mis à exécuter, à l'insçu de l'ennemi, cette retraite qui fut protégée par quinze cents hommes que le général Buonaparte fit placer pour cet effet sur les avenues de Sospello et sur les hauteurs de Veraggio.

Toutes les positions sur lesquelles les Français avaient appuyé leur centre, furent attaquées le lendemain 21, dès quatre heures du matin, par quinze mille hommes, à la tête desquels était le général Beaulieu; et elles furent emportées. Le général Beaulieu parut ensuite, à une heure après midi, devant la redoute de Montenotte qui était le dernier des retranchemens qui restait aux Français. Les attaques furent répétées à plusieurs reprises; et, malgré la supériorité du nombre des ennemis, les Autrichiens furent arrêtés à cette redoute, qui fut défendue avec le plus grand courage. Il n'y avait que quinze cents hommes employés à sa défense; le chef de brigade, Rampon, qui les commandait, fit prêter aux soldats, au milieu du feu, le serment de mourir tous plutôt que d'abandonner la redoute. Le serment fut prêté avec joie, et l'ennemi fut contenu toute la nuit à la portée du pistolet.

Le général Laharpe, à la tête de toutes les troupes de la droite, prit poste, pendant la nuit, derrière la redoute de Montenotte. Les troupes du centre et de la gauche furent portées, à une heure après minuit, par le général Buonaparte, accompagné des généraux Berthier et Massena et du commissaire Salicetti, sur le flanc et les derrières des Autrichiens. On les fit passer par Altare. Cette manœuvre sagement préparée et exécutée, servit à assurer la victoire.

Le 22 germinal an 4, bataille de Montenotte

Le général Beaulieu, ayant reçu des renforts, attaqua le 22 le général Lapoype, à la pointe du jour. Le combat se faisait avec une grande ardeur de part et d'autre, et le succès en était encore incertain, lorsque Massena, tombant sur le flanc et les derrières de l'armée autrichienne et piémontaise, commandée par le général d'Argenteau, y répandit l'épouvante et la mort. Les généraux Roccavina et Argenteau ayant été dangereusement blessés pendant le combat, la nouvelle de leurs blessures ne fut pas long-tems sans augmenter le désordre dans toute l'armée, et la déroute devint complette. Quinze cents morts, deux mille cinq cents prisonniers, dont soixante officiers et plusieurs drapeaux furent les fruits de cette journée. Les Français poursuivirent les Autrichiens ; Carcare, où ils arrivèrent le 23 germinal, tomba en leur pouvoir ainsi que Caïro que les Autrichiens furent obligés d'abandonner.

Quoique le gain de la bataille de Montenotte fut un avantage considérable pour les Français, le général Beaulieu, après sa défaite, pouvait encore soutenir par sa droite la gauche de l'armée austro-sarde. Il était nécessaire pour les progrès des Français que ces deux armées fussent divisées, et que l'une fut maintenue, tandis qu'on battrait l'autre. Le général Buonaparte qui voulait que la journée de Montenotte ne devint pas infructueuse pour la campagne, sentit bien que çe plan devait être mis à exécution ; il sentit aussi que cette opération militaire était d'autant plus difficile à exécuter qu'elle pouvait être prévue par les généraux ennemis, et qu'il avait en outre une armée inférieure en nombre. Ces circonstances n'arrêtèrent point le général français, il fit porter, le 23, son quartier-général à Carcare. Les ennemis avaient huit bataillons à Sozello. L'ordre fut donné au général Laharpe de se porter sur Sozello pour menacer d'enlever les huit bataillons et d'aller le lendemain, par une marche prompte et cachée, dans la ville de Caïro ; le général Massena eut l'ordre d'aller par les hauteurs de Dego, tandis que les généraux Menard et Joubert se porteraient l'un sur les sommités de Biestro, et l'autre sur l'importante position de Sainte-Marguerite. Ce mouvement mettait l'armée française au-delà de la crête des Alpes et sur le penchant qui fait descendre en Italie. Le passage des Alpes était à-peu-près comme franchi, parce que les Français, étant maîtres de la pente des Alpes qui donnent vers la Méditerranée, avaient encore en leur pouvoir la crête des montagnes.

Le 24, bataille de Millesimo, gagnée par les Français.

Le 24, à la pointe du jour, pendant que le général Augereau, à la tête de sa division, forçait les gorges de Millesimo, les généraux Menard et Joubert, chassant l'ennemi de toutes les positions environnantes, enveloppèrent un corps de quinze cents grenadiers commandés par le lieutenant-général Provera, chevalier de l'ordre de Marie-Therèse, qui se retira sur le sommet de la montagne de Cossaria, et se retrancha dans les ruines d'un vieux château extrêmement fort par sa position, avec le dessein de s'y défendre avec courage.

Après avoir été canonné pendant plusieurs heures, le général Provera qui, avec une poignée d'hommes, arrêtait la marche de l'armée française, fut sommé de se rendre. Il parlementa pendant plusieurs heures avec le général Augereau; mais comme on ne pouvait s'accorder sur les conditions et que la nuit approchait, le général Augereau, ayant formé quatre colonnes, les fit avancer sur le château de Cossaria. Le général Joubert, recommandable par son courage et ses talens militaires, ayant pénétré dans les retranchemens avec sept hommes, fut frappé à la tête et renversé par terre. L'ardeur de la colonne fut ralentie, parce qu'on le crut mort; mais sa blessure n'était pas dangereuse. Le général Bonnel, commandant la seconde division qui s'avançait avec un morne silence et les armes au bras, fut tué au pied des retranchemens ennemis; l'adjudant-général, Guenin qui commandait la troisième colonne fut aussi tué par une balle, et l'armée regretta la perte de ces deux braves officiers. Comme on craignit que, pendant la nuit, l'ennemi ne cherchât à se faire jour l'épée à la main, le général Buonaparte fit réunir tous les bataillons et fit faire des épaulemens en tonneaux et des batteries d'obusiers à demi-portée de fusil.

Le 25 germinal, à la pointe du jour, les deux armées se trouvèrent en présence. Le général Provera fut bloqué par la gauche de l'armée française, commandée par le général Augereau; et le général de brigade Menard repoussa vivement plusieurs régimens ennemis, où se trouvait le régiment Belgiojoso, qui voulaient percer le centre de l'armée. Ce général reçut bientôt l'ordre de se replier sur la droite. Le général Massena déborda, avant une heure après midi, la gauche de l'ennemi qui occupait le village de Dego avec de forts retranchemens et de nombreuses batteries. Les troupes légères françaises s'avancèrent jusqu'au chemin de Dego à Spino. La division du général Laharpe marcha sur trois colonnes serrées en masse; la colonne de gauche, commandée par le général Causse, passa la Bormida, sous le feu de l'ennemi, ayant de l'eau jusqu'au milieu du corps, et attaqua l'aîle gauche de l'ennemi par la droite; la Bormida fut aussi traversée par la seconde colonne, commandée par le général Cervoni, et, protégée par une batterie, elle marcha droit aux ennemis. La retraite fut coupée à l'ennemi par la troisième colonne, commandée par l'adjudant-général Boyer qui tourna un ravin.

Le but qu'on attendait de tous ces mouvemens fut rempli par les talens des différens généraux employés à ces opérations, et par l'intrépidité des troupes. Le sang-froid et le courage que déployèrent les Français dans cette action servirent à envelopper l'ennemi de tous les côtés : il n'eut pas le tems de capituler. Le général Provera se rendit prisonnier de guerre avec le corps de troupes qu'il commandait à Cossaria, pendant que le général Buonaparte faisait faire à sa droite les dispositions nécessaires pour l'attaque de la gauche de l'ennemi.

Les Français se mirent de tous côtés à la poursuite de l'ennemi, et il fut vivement poursuivi par le général Laharpe à la tête de quatre escadrons de cavalerie. On fit, dans cette journée, environ neuf mille prisonniers, parmi lesquels un lieutenant-général, vingt ou trente colonels ou lieutenans-colonels, et presqu'en entier les régimens suivans : Corps-Francs, trois compagnies de croates, un bataillon de Pelegrini, Stein, Villeon, Sckroeder, Tentsch; quatre compagnies d'artillerie, plusieurs officiers supérieurs du génie au service de l'empereur, les régimens de Mont-Ferrat, de la marine, de Suze, et quatre compagnies de grenadiers au service du roi de Sardaigne. On prit quinze drapeaux, vingt-deux pièces de canons avec les caissons et tous les attelages. L'ennemi eut environ deux mille cinq cents hommes tués, parmi lesquels un aide-de-camp colonel du roi de Sardaigne.

Par la sagesse de ses mesures, par son habileté à les diriger, par son activité à se porter, pendant l'action, sur tous les points où sa présence pouvait être nécessaire, le général en chef Buonaparte s'acquit, dans cette victoire, la réputation d'un général digne, sous tous les rapports, d'être comparé aux plus grands capitaines.

Lorsque le lieutenant-général Provera fut sommé de se rendre, on lui représenta qu'étant cerné de toutes parts, sa résistance n'occasionnerait qu'un versement de sang sans aucun espoir ; et que, si, dans un quart-d'heure, il ne se rendait pas, il ne serait fait grace à aucun. Il fit cette réponse : Mon intention est de me défendre jusqu'à la dernière extrémité. Ce brave officier tint sa parole ; car il se défendit avec sa troupe avec le plus grand courage. Il soutint les efforts des Français avec une
intrépidité

intrépidité extraordinaire, et ne se rendit qu'après avoir épuisé tous ses moyens de défense, et après être convaincu qu'une plus longue résistance serait inutile, et deviendrait une opiniâtreté imprudente et sans but, parce qu'il est de principe qu'il faut céder à la force, lorsqu'on n'a plus d'espoir d'être secouru.

Ce lieutenant-général fut honorablement traité dans la capitulation qu'il présenta; il demanda que le corps qu'il commandait défilât vers Carcare, quartier-général de l'armée française, avec les honneurs de la guerre, et qu'il mît bas les armes après avoir défilé. Cette capitulation fut acceptée, et on laissa les officiers maîtres de se rendre chez eux, sur leur parole, jusqu'à ce qu'ils fussent échangés. Les Français savent estimer le mérite par-tout où il se trouve.

Avant l'ouverture de la campagne, le roi de Sardaigne avait établi, dans ses Etats, une réquisition de jeunes gens depuis l'âge de quinze ans. On était obligé à cet âge de rejoindre l'armée, sous peine d'être condamné à mort: il y en eut six de fusillés à Turin pour cet effet. Ces mesures outrées et toutes celles que la continuation de la guerre obligeaient à prendre, excitaient des troubles dans le Piémont.

La flotte anglaise se bornait depuis long-tems à quelques parades à la hauteur du port de Gênes. Elle ne put empêcher qu'un convoi de subsistances et d'effets d'artillerie expédié de Villefranche pour la division de droite de l'armée française, n'arrivât heureusement à Vado. Deux frégates anglaises ayant attaqué la corvette la *Caroline*, qui convoyait de Toulon à Antibes plusieurs transports pour l'armée d'Italie, éprouvèrent la plus courageuse résistance de la part de cette corvette qui échappa avec son convoi.

Si la victoire de Millesimo avait ouvert aux Français la route pour de nouveaux succès, en leur fournissant des vivres et des munitions qu'il était très difficile de transporter sur ces hautes montagnes; si elle avait privé les ennemis de quarante canons de bataille, de leurs magasins et d'une partie de leurs bagages, le combat de Dego, celui de Saint-Jean, dans la vallée de la Barmida, ouvrirent à l'armée du général Buonaparte les moyens d'effectuer sa jonction avec la division du général Serrurier, qui avait été laissée pour garder le Tanaro et la vallée d'Oneille.

La droite de l'armée française, fatiguée du combat de la veille, qui avait fini fort tard, toute entière livrée à sécurité que donne la victoire, se laissa enlever, à la pointe du jour, le village de Dego par sept mille Autrichiens qui vinrent l'attaquer avec le plus grand courage. Le général Beaulieu, espérant réparer ses échecs précédens, avait rassemblé ces sept mille hommes, l'élite de son armée, pour tenter la fortune par ce coup hardi. Aussitôt que l'attaque de Dego fut commencée, la générale battit à l'aîle droite de l'armée française, et immédiatement après au quartier-général. Massena, aussitôt après avoir rallié une partie de ses troupes, commença à attaquer les Autrichiens. Les Français furent repoussés par trois fois différentes. Quand le général Buonaparte arriva, il trouva le général Causse occupé à rallier la quatre-vingt-dix-neuvième de-

Le 26 germinal an 4, combat de Dego.

mi-brigade, se mettant en fait de charger les ennemis, et disposé à les atteindre à la bayonnette, lorsqu'il tomba blessé à mort. A deux heures après midi, il n'y avait encore rien de décisif. La trente-neuvième demi-brigade, commandée par le général de brigade Victor, se forma en colonne, pendant que l'adjudant-général Lasne, ralliant la huitième demi-brigade d'infanterie légère, se précipita à sa tête, sur la gauche de l'attaque. Ses troupes chancelèrent un instant ; mais son intrépidité ranima leur courage. Elles se portèrent sur l'ennemi avec la plus vive ardeur ; la cavalerie acheva la déroute et recueillit grand nombre de prisonniers. La perte de l'ennemi fut de deux mille hommes, dont quatorze cents prisonniers, parmi lesquels plusieurs officiers supérieurs.

Les Français perdirent, dans cette journée, le chef de brigade Rondeau, surnommé le Brave ; le chef de brigade Dupuis et le chef de brigade Causse. Cet officier, après avoir donné des preuves de la bravoure la plus déterminée dans le combat de la veille et à la reprise du village de Dego, s'adressa au général en chef, lorsqu'il était près d'expirer, et lui demanda si les positions étaient reprises. Le général en chef lui ayant dit qu'elles étaient reprises, il s'écria : Vive la république, je meurs content.

Pendant que l'armée Française était occupée à reprendre le village de Dego, le général de brigade Rusca s'emparait, le même jour, de la position intéressante de Saint-Jean qui domine la vallée de la Barmida. Il prit deux pièces de canons et fit cent prisonniers. Le général Serrurier s'empara, le même jour, des hauteurs de Batisolo, de Bagnosco et de Ponte-Nocetto ; il fit soixante-un prisonniers, parmi lesquels se trouvait un lieutenant-colonel; et le général Serrurier se rendit maître aussi, le même jour, des redoutes de Montezemo, que l'ennemi évacua à son approche. Il coupa par ce moyen les communications de l'armée ennemie, et ouvrit celles de la vallée du Tanaro et de sa division.

Les Autrichiens battus les 23, 24, 25 et 26 germinal, se retirèrent au-delà d'Acqui et replièrent tous les postes de Voltry et de la Bochetta. Le 27, le général Augereau partit de Montezemo et alla attaquer les redoutes qui défendaient l'approche du camp retranché de Ceva. Huit mille Piémontais étaient employés à la défense de ces redoutes. Les généraux Bayrand et Joubert commandans les colonnes, après s'être battus tout le jour, s'emparèrent du plus grand nombre de ces redoutes. Craignant le danger d'être tourné par Castellino, l'ennemi évacua, pendant la nuit, le camp retranché auprès de Ceva. Le lendemain 28, le général Serrurier étant entré, à la pointe du jour, dans la ville de Ceva investit la citadelle, dans laquelle il y avait une garnison de sept à huit cents hommes. On ne put en faire le siége aussitôt, parce que l'artillerie n'était pas encore arrivée, n'ayant pu suivre la marche de l'armée dans les montagnes.

Le directoire exécutif de France, pour témoigner sa satisfaction au général Buonaparte et aux différens généraux qui l'avaient si bien secondé, leur écrivit à

chacun une lettre particulière. Celle au général Buonaparte était ainsi conçue :
« Le directoire exécutif a reçu avec la plus vive satisfaction, citoyen général, la nouvelle de la victoire remportée en Italie sur les Autrichiens : en appréciant des avantages aussi éclatans à l'entrée d'une campagne, que l'éloignement pour la paix de la part des ennemis de la république nous a forcés d'entreprendre, il est satisfaisant pour lui de voir justifier par les lauriers que vous venez de cueillir, le choix qu'il a fait de vous pour conduire l'armée d'Italie à la victoire.

Recevez, aujourd'hui, général, le tribut de la reconnaissance nationale ; méritez-là de plus en plus ; et prouvez à l'Europe que Beaulieu, pour avoir changé de champ de bataille, n'a pas changé d'ennemi ; que battu au nord, il le sera constamment par la brave armée d'italie, et qu'avec de tels défenseurs, la liberté triomphera des efforts puissans des ennemis de la république ».

La lettre du citoyen Salicetty, commissaire du directoire exécutif près l'armée d'Italie portait :.» Il est satisfaisant pour le directoire exécutif, citoyen, d'avoir à vous féliciter sur la manière honorable dont vous avez concouru au succès de l'armée d'italie, quand c'est lui-même qui s'est préparé cette satisfaction, en vous nommant son commissaire à cette armée ; il n'a pas besoin, pour vous engager à continuer, de vous dire qu'il n'en attendait pas moins de vous : des ennemis à vaincre et à forcer à consentir à une paix desirable qui leur est offerte, sont des motifs assez puissans pour guider un vrai républicain dans la route de l'honneur et de la gloire.

Recevez le tribut de la reconnaissance nationale que vous méritez pour avoir rempli vos devoirs avec un zèle que le directoire sait apprécier, et dont il s'empressera de faire l'éloge ».

La lettre au général Laharpe contenait ce qui suit : » Vous avez accoutumé depuis long-tems les amis de la république à vous entendre nommer, lorsque l'armée d'Italie remporte quelques avantages. Votre patriotisme et vos talens garantissent au directoire et à la France entière, que vous partagerez encore la gloire et les succès qui sont réservés à la brave division qui vous obéit pendant le cours de la campagne actuelle. »

Celle au général Massena s'exprimait ainsi : « Le directoire exécutif a vu, par le rapport du général en chef, que vous n'aviez pas peu contribué aux succès des glorieuses journées du 20 et du 21 germinal; il n'attendait pas moins de votre courage, de vos talens, et ils lui sont un sûr garant des nouveaux succès que va avoir l'armée d'Italie. »

Le directoire écrivit ainsi au général Cervoni : « Les travaux de la dernière campagne avaient trop fait connaître votre courage au directoire, pour qu'il ne sût pas d'avance qu'en vous faisant éprouver le premier choc, les Autrichiens vous ménageaient le premier avantage. »

Enfin la lettre au général de brigade Rampon, portait : « Intrépide militaire, amant de la liberté, continuez à la servir; que le serment que vous avez fait prêter aux braves soldats que vous commandiez dans la redoute de Montelesimo, soit répété dans l'occasion par tous les républicains qui sont dignes de le tenter, et qu'il serve à fortifier chez eux, s'il en était besoin, la haine de l'esclavage et le desir de vaincre des ennemis qui n'ont pas encore renoncé au projet insensé de nous donner des fers.

La valeur française les forcera sans doute bientôt à demander la paix pour laquelle ils témoignent tant d'éloignement Vous y avez concouru par votre exemple et par le trait héroïque qui vous honore : quelle plus douce récompense pour un ami de son pays et de la république ! »

Il n'y a que dans un Gouvernement républicain qu'on sait reconnaître et encourager. On sait, dans ce Gouvernement, qu'il n'y a point de mobile plus puissant, pour élever l'ame et porter aux grandes actions, que la distinction qui est accordée au mérite ; on sait qu'un témoignage rendu public est une récompense qui électrise et enflamme les cœurs, et que, pour la mériter, tout devient possible ; on ne redoute ni les dangers ni la mort. Le Français aime l'honneur, et l'aspect du péril n'a rien d'effrayant pour lui; il le brave, lorsqu'il voit que la gloire en est le terme.

L'armée piémontaise, chassée de Ceva, prit des dispositions au confluent de la Cursaglia et du Tanaro, ayant sa droite appuyée sur Notre-Dame de Vilo, et son centre sur la Bicoque,

Le premier floréal, le général Serrurier attaqua la droite de l'ennemi par le village de Saint-Michel. Ayant passé le pont sous le feu de l'ennemi, il l'obligea, après trois heures de combat, à évacuer le village. La gauche de l'ennemi ne put être inquiétée que par des tirailleurs, parce que le Tanaro n'étant pas guéable, la division qui fut chargée de l'attaquer ne put pas passer. Le général Serrurier ayant vu l'ennemi se renforcer sur la droite, fit sa retraite dans le meilleur ordre. Chacun se trouva, à la nuit, dans sa position. La perte de l'ennemi fut, en cette occasion, d'environ cent cinquante hommes.

L'ennemi avait une position formidable; environné de deux rivières rapides et profondes, il avait coupé tous les ponts, et avait garni leurs bords de fortes batteries. L'armée française passa toute la journée du 2 floréal à faire des dispositions; et on cherchait réciproquement à cacher ses véritables intentions, en faisant de fausses manœuvres.

<small>Le 3 floréal, bataille de Mondovi gagnée par les Français.</small>
A deux heures après minuit, le général Massena passa le Tanaro près Ceva, et coupa le village de Lezegno. Les généraux de brigade Guieux et Fiorella s'emparèrent du pont de la Torra. Le projet était de se porter sur Mondovi, et d'obliger l'ennemi à changer de champ de bataille. Cependant le général ennemi Colli, craignant l'issue d'un combat qui eût été décisif sur une ligne aussi étendue, se mit, dès deux heures après minuit, en pleine retraite; il évacua toute son artillerie, et prit le chemin de Mondovi. A la pointe du jour les deux armées s'apperçurent, et le combat commença dans le village de Vico. Le général Guieux se porta sur la gauche de Mondovi; les généraux Fiorella et Dommartin ayant attaqué la redoute qui couvrait le centre de

l'ennemi, s'en rendirent maîtres. Dès-lors l'armée piémontaise abandonna le champ de bataille; et, le soir même, l'armée française entra dans la ville de Mondovi.

L'ennemi perdit dans cette journée dix-huit cents hommes, dont treize cents prisonniers. Un général piémontais fut tué. Le lieutenant-colonel comte de Laire, le comte des Fraves, colonel des gardes du roi de Sardaigne, M. Matter, colonel propriétaire du régiment de son nom, et quatre autres colonels, furent faits prisonniers. Les Français s'emparèrent en outre de onze drapeaux, de huit pièces de canon, de deux obusiers et de quinze caissons.

Pendant la dernière campagne, l'armée d'Italie, au milieu des privations de tout genre et des besoins de toute espèce, sur les montagnes les plus difficiles à gravir, et encore couvertes de neige, soutint constamment l'honneur du nom Français. Cette armée manquant de tout, attaquée tous les jours par un ennemi triple en nombre, résistant tous les jours avec succès, avait sauvé les départemens du Midi d'une invasion depuis long-tems méditée ; avait agrandi le territoire de la France, humilié la Cour de Vienne, dispersé ses soldats, fait trembler le roi de Sardaigne dans sa capitale, et rempli toute l'Italie de la terreur de son nom. Depuis que la paix avec l'Espagne avait permis d'augmenter ses forces, l'armée d'Italie avait repris alors la défensive qui convenait à son courage, et ne s'était reposée qu'après la mémorable victoire qui lui avait assuré le poste important de Vado.

Après avoir terminé cette glorieuse campagne, l'armée française, commandée par le général Buonaparte, venait d'ouvrir la suivante par les traits de la plus grande intrépidité qui fixent les succès. Quinze cents hommes avaient juré à leur patrie de défendre un poste contre quinze mille hommes ; ils ne furent pas parjures, et leur serment ne fut pas vain. Attaqués, non-seulement ils résistèrent, mais encore ils triomphèrent. Un général (Joubert), sautant à la tête de sept hommes dans les retranchemens ennemis, s'était dévoué pour assurer le bonheur de son pays.

Ailleurs, une colonne commandée par le brave Causse, ayant passé la Barmida sous le feu de l'ennemi, avait couru, dans l'eau jusqu'au milieu du corps, attaquer et battre son aîle gauche. Enlevé par surprise, Dego fut aussitôt reconquis, il reste au pouvoir des Français ; et l'enlèvement de Ceva ouvre toutes les portes du Piémont.

Après la bataille et la prise de Mondovi, les ennemis passèrent la Sture et prirent leurs positions entre Coni et Cherasco, ville entourée de bastions, bien palissadée et fraisée, au confluent de la Sture et du Tanaro, et forte par sa position.

On employa la journée du 4 floréal à passer l'Elero et à jeter de nouveaux ponts sur le Pesio ; l'avant-garde arriva le soir à Carru. Le lendemain, après quelques escarmouches de cavalerie, les Français entrèrent dans la ville de Bêne, sous le commandement du général Serrurier. *Le 4 floréal, prise de Bêne.*

Le 6, les Français, ayant à leur tête les généraux de division Augereau, Massena et Serrurier, se portèrent, le général Serrurier sur la Trinité et canonna la ville de *Le 6, prise de Fossano, de Cherasco et d'Alba, par les Français.*

Fossano, quartier-général du général Colly, qui se rendit promptement; le général Massena, contre Cherasco, et culbuta les grandes gardes des ennemis. Les Piémontais, après avoir tiré quelques coups de canon, évacuèrent la ville de Cherasco et repassèrent la Sture. Le général Buonaparte avait envoyé le général Dujard et son aide-de-camp Marmont, pour reconnaître la place et placer des batteries d'obusiers, afin de couper les palissades; mais ils n'eurent pas cette peine. On trouva dans la ville de Cherasco vingt-huit pièces de canon et des magasins considérables. Cette conquête était d'autant plus importante pour les Français, qu'elle leur offrait de grandes ressources en subsistances, et qu'elle appuyait la droite de l'armée. On fit jeter des ponts de bateaux sur la Sture, afin de poursuivre l'ennemi, qui se retirait à Carignan pour couvrir la ville de Turin, qui n'était éloignée que de neuf lieues de l'endroit où se trouvait alors l'armée française. Le général Augereau se porta sur Alba, dont il s'empara. Il reçut l'ordre de jeter sur-le-champ plusieurs ponts

ponts de bateaux sur le Tanaro, afin de pouvoir passer cette rivière, qui est très-large et très-rapide.

Après des opérations si glorieuses, le général Buonaparte adressa à l'armée d'Italie la proclamation suivante, du quartier-général de Cherasco :

« Soldats, vous avez, en quinze jours, remporté six victoires, pris vingt-un drapeaux, cinquante pièces de canon, plusieurs places fortes, conquis la partie la plus riche du Piémont; vous avez fait quinze cents prisonniers, tué ou blessé plus de dix mille hommes.

» Vous vous étiez jusqu'ici battus pour des rochers stériles, illustrés par votre courage, mais inutiles à la patrie; vous égalez aujourd'hui, par vos services, l'armée conquérante de Hollande et du Rhin. Dénués de tout, vous avez suppléé à tout; vous avez gagné des batailles sans canons, passé des rivières sans ponts, fait des marches forcées sans souliers, bivouaqué sans eau-de-vie et souvent sans pain. Les phalanges républicaines, les soldats de la liberté étaient seuls capables de souffrir ce que vous avez souffert. Graces vous en soient rendues, soldats ! La patrie reconnaissante vous devra en partie sa prospérité; et si, vainqueurs de Toulon, vous présageâtes l'immortelle campagne de 1793, vos victoires actuelles en présagent une plus belle encore.

» Les deux armées qui naguère vous attaquaient avec audace, fuient épouvantées devant vous; les hommes pervers qui riaient de votre misère, se réjouissaient dans leurs pensées des triomphes de vos ennemis, sont confondus et tremblans.

» Mais, soldats, il ne faut pas vous le dissimuler, vous n'avez rien fait, puisqu'il vous reste encore à faire. Ni Turin, ni Milan ne sont à vous; les cendres des vainqueurs des Tarquins sont encore foulées par les assassins de Basseville.

» Vous étiez dénués de tout au commencement de la campagne, vous êtes aujourd'hui abondamment pourvus; les magasins pris à vos ennemis sont nombreux; l'artillerie de siége et de campagne est arrivée. Soldats, la patrie a droit d'attendre de vous de grandes choses : justifierez-vous son attente? Les plus grands obstacles sont franchis, sans doute; mais vous avez encore des combats à livrer, des villes à prendre, des rivières à passer. En est-il d'entre vous dont le courage s'amolisse? En est-il qui préféreraient de retourner sur les sommets de l'Apennin et des Alpes, essuyer patiemment les injures de cette soldatesque esclave? Non, il n'en est pas parmi les vainqueurs de Montenotte, de Millesimo, de Dego et de Mondovi : tous brûlent de porter au loin la gloire du peuple français; tous veulent humilier ces rois orgueilleux qui osaient méditer de nous donner des fers; tous veulent dicter une paix glorieuse et qui indemnise la patrie des sacrifices immenses qu'elle a faits; tous veulent, en rentrant dans leurs villages, pouvoir dire avec fierté : J'étais de l'armée conquérante de l'Italie.

» Amis, je vous la promets cette conquête : mais il est une condition qu'il faut que vous juriez de remplir ; c'est de respecter les peuples que vous délivrez; c'est de réprimer les pillages horribles auxquels se portent des scélérats suscités par nos ennemis; sans cela, vous ne seriez point les libérateurs des peuples, vous en seriez les fléaux; vous ne seriez pas l'honneur du peuple français, il vous désavouerait: vos victoires, votre courage, vos succès, le sang de nos frères morts aux combats, tout serait perdu, même l'honneur et la gloire. Quant à moi et aux généraux qui ont votre confiance, nous rougirions de commander à une armée sans discipline, sans frein, qui ne connaîtrait de loi que la force; mais, investi de l'autorité nationale, fort de la justice et par la loi, je saurai faire respecter à ce petit nombre d'hommes sans courage et sans cœur, les loix de l'humanité et de l'honneur, qu'ils foulent aux pieds. Je ne souffrirai pas que des brigands souillent vos lauriers; je ferai exécuter à la rigueur le réglement que j'ai fait mettre à l'ordre; les pillards seront impitoyablement fusillés, déjà plusieurs l'ont été. J'ai eu lieu de remarquer avec plaisir l'empressement avec lequel les bons soldats de l'armée se sont portés pour faire exécuter les ordres.

» Peuples de l'Italie, l'armée française vient pour rompre vos chaînes; le peuple français est l'ami de tous les peuples : venez avec confiance au-devant d'elle; vos propriétés, votre religion et vos usages seront respectés.

» Nous ferons la guerre en ennemis généreux, et nous n'en voulons qu'aux tyrans qui vous asservissent ».

Cette adresse fit sur l'armée française l'effet qu'elle devait faire. Elle ne servit point à augmenter le courage des troupes; il était impossible qu'il fût monté à un degré plus haut qu'il l'était; mais elle servit à les enflammer d'une ardeur nouvelle et à leur faire voir qu'ils ne devaient avoir une patrie assurée que lorsqu'ils auraient détruit les forces des ennemis attachés à sa perte, en aidant les différens peuples, dans le pays desquels ils allaient entrer, à secouer le joug sous lequel ils gémissaient.

Ces succès multipliés prouvèrent enfin au roi de Sardaigne son impuissance et celle des Etats d'Autriche et d'Italie, pour préserver son royaume des effets du courage invincible des Français. Ils servirent à le déterminer à faire proposer par le général Colli, au général Buonaparte, une suspension d'armes jusqu'à la conclusion de la paix définitive du roi de Sardaigne avec la France.

Pour cet effet, le général Colli écrivit au général Buonaparte : « Ayant appris que sa majesté, le roi de Sardaigne, vient d'envoyer à Gênes des plénipotentiaires pour y traiter de la paix, sous la médiation de la Cour d'Espagne, je crois, général, que l'intérêt de l'humanité exigerait, pendant le tems que dureront ces négociations, que les hostilités fussent suspendues de part et d'autre.

» Je propose, en conséquence, un armistice, soit illimité, soit pour un tems fixe, à votre choix, dans la vue d'épargner l'effusion inutile du sang humain ».

Le général Buonaparte fit cette réponse : « Le directoire exécutif, monsieur, s'est réservé le droit de traiter de la paix. Il faut donc que les plénipotentiaires du roi, votre maître, se rendent à Paris, en attendant à Gênes les plénipotentiaires que le Gouvernement français pourrait envoyer.

» La position militaire et morale des deux armées rend toute suspension d'armes pure et simple impossible. Quoique je sois en particulier convaincu que le Gouvernement accordera des conditions de paix raisonnables à votre roi, je ne puis sur des présomptions vagues, arrêter ma marche ; il est cependant un moyen de parvenir à votre but, conforme aux vrais intérêts de votre Cour, et qui épargnerait une effusion de sang inutile, et dès-lors contraire à la raison et aux loix de la guerre, c'est de mettre en mon pouvoir deux des trois forteresses de Coni, d'Alexandrie, de Tortonne, à votre choix. Nous pourrons alors attendre, sans hostilités, la fin des négociations qui pourraient s'entamer. Cette proposition est très-modérée ; les intérêts mutuels qui doivent exister entre le Piémont et la république française, me portent à désirer vivement de voir éloigner de votre pays les malheurs de toute espèce qui le menacent ».

Depuis la réception de la lettre du général Colli, il s'était écoulé quatre jours, que le général français avait employés à prendre des positions qui pussent le mettre en état d'agir d'une manière efficace pour les intérêts de la république française, et afin que sa prudence ne se trouvât point en défaut. Le général Colli ayant fait part au roi de Sardaigne des dispositions que le général français avait marquées dans sa réponse, et des mesures de sûreté qu'il exigeait pour consentir à l'armistice, lui envoya, le 7, la lettre suivante :

« J'ai communiqué à la Cour de Sardaigne, général, la lettre que vous m'avez écrite, en réponse de celle que je vous avais adressée pour vous notifier l'envoi d'un plénipotentiaire, de la part du roi, à Gênes, chargé d'y faire des ouvertures de paix, et pour vous inviter, en attendant leur résultat, à épargner l'effusion du sang humain, par une suspension d'armes.

» Je suis autorisé par sa majesté, le roi, à vous dire maintenant que le ministre français à Gênes, auquel le plénipotentiaire s'est adressé pour lesdites ouvertures de paix, lui a déclaré n'avoir, ni personne à Gênes, ni aucune autorisation pour entrer en de semblables négociations; mais qu'il fallait s'adresser au directoire exécutif, à Paris, lequel seul en avait le droit.

» Sur quoi le plénipotentiaire a dit y diriger ses ultérieures démarches, à l'effet dont il s'agit. En attendant que, par ce moyen, qui ne peut être employé à moins que d'apporter quelque délai, on puisse arriver à une conclusion qu'on espère, de l'ouvrage salutaire de la paix entre les deux Etats, le roi desirant toujours qu'on puisse épargner de part et d'autre les calamités de tout genre qu'entraînent les hostilités, n'a point hésité à donner son consentement à ce que la suspension d'armes proposée, que vous vous êtes montré disposé d'accepter sous certaines conditions, puisse avoir lieu et être arrêtée sans retard.

» En conséquence, sa majesté m'ordonne de vous déclarer qu'elle consentira à mettre en votre pouvoir deux de ses forteresses, savoir : celles de Coni et de Tortonne, comme vous l'avez demandé, pendant que dureront les négociations dont on va s'occuper, et suivant le mode dont on conviendra; au moyen de quoi, toute hostilité cessera dès-à-présent, jusqu'à la fin des négociations : et au cas que, par les difficultés qui pourraient naître de la situation actuelle de l'armée alliée, on ne pût remettre, comme dessus, la place de Tortonne, sa majesté s'est déterminée d'offrir au lieu de celle-ci la forteresse de Desmont; qu'à l'exception de la remission de ces deux places, les choses resteront *in statu quo*, pour ce qui regarde les pays occupés par les armées respectives, sans qu'elles puissent outrepasser la ligne des limites fixée respectivement, et le tout de la manière qui sera convenue plus spécifiquement entre nous ».

D'après cette lettre, le roi de Sardaigne chargea M. le baron de la Tour, lieutenant-général de cavalerie, et le marquis de Costa, colonel, chef d'état-major, de traiter avec le général en chef de l'armée française, les conditions de la suspension d'armes, qui furent arrêtées au quartier-général de Cherasco, le 9 floréal an 4, et dont les dispositions contenaient une cessation de toutes hostilités entre l'armée française en Italie et l'armée du roi de Sardaigne, à dater du jour où les conditions seraient remplies, jusque cinq jours après la fin des négociations qui s'entamaient pour parvenir à une paix définitive entre les deux puissances. La place de Coni devait être occupée par les Français, le 9 floréal prochain, et la place d'Alexandrie en attendant qu'on pût remettre la place de Tortonne. L'armée française devait rester en possession de tout le pays conquis qui se trouve au-delà de la rive droite de la Sture, jusqu'à son confluent dans le Tanaro ; et de-là, suivant la rive droite de ce fleuve jusqu'à son embouchure dans le Pô, pour le tems que les Français occuperaient Alexandrie. Après la reddition de cette place, par l'occupation de celle de Tortonne, la limite devait continuer au confluent de la Sture dans le Tanaro, jusqu'à la hauteur d'Asty, sur la rive droite dudit fleuve. La ligne de démarcation devait être le grand chemin qui conduit à Nizza-de-la-Paille, et de ce dernier lieu à Cassigny; de la rive droite de la Barmida jusqu'à son embouchure dans le Tanaro, et enfin de-là jusqu'au confluent de ce fleuve dans le Pô.

Les villes et citadelles de Coni et de Tortonne devaient être remises avec l'artillerie et les munitions de guerre et de bouche, dont il devait être dressé inventaire. Les mêmes conditions étaient pour la ville d'Alexandrie, tant qu'elle resterait au pouvoir des Français. Les Français avaient dans ce traité la faculté de passer le Pô sous Valence. Le passage était accordé, par les chemins les plus ouverts, pour Paris et le retour, aux couriers et aux officiers de l'armée française. Toutes les troupes du roi de Sardaigne, faisant partie de l'armée autrichienne, étaient comprises dans le traité de suspension. La citadelle de Ceva devait être remise avec son artillerie, ses munitions et ses vivres; la garnison devait se retirer en Piémont. Les Français eurent le droit de se servir des munitions de guerre et de bouche, en les payant au prix de l'estimation; les troupes sardes eurent le pouvoir de sortir des places cédées, avec armes, bagages et tous les honneurs, et de se retirer en Piémont.

Ces conditions, dont l'utilité était si évidente pour la France et qui lui assuraient le Piémont, furent acceptées; un simple armistice procura tous ces avantages. Ceva et Coni furent livrés aux Français; ils y entrèrent le 10 floréal. Ces places étaient occupées par cinq mille hommes qui en sortirent avec les honneurs de la guerre. Le roi de Sardaigne donna l'ordre pour que la ville et la citadelle de Tortone fussent remises aux Français; ils y firent leur entrée le 17 floréal.

L'armée française redoublait tous les jours de courage, parce que le général en chef savait diriger son ardeur, et l'alarme était générale parmi les ennemis. Depuis ses victoires, cette armée s'était procuré les moyens de pousser la guerre avec vigueur, de forcer toutes les puissances d'Italie à avouer leur impuissance contre la supériorité de ses armes et de les contraindre à demander elles-mêmes à recevoir la loi du vainqueur. Les colonnes françaises se mirent en marche contre les Autrichiens, Buonaparte ne voulut pas que l'occupation de Coni et de Ceva leur laissât le tems de reprendre haleine. Le général Beaulieu ayant eu le dessein de garder ces places, intention qui fut prévue et déjouée par l'adresse du commandant piémontais, faisait sa retraite. Il pensait que, pour préserver le Milanais, il devait passer le Pô à Valence occupée par un corps de cavalerie napolitaine.

Dans l'espace de quinze jours, deux armées avaient été battues par Buonaparte. Ce général avait détaché de la coalition contre la France l'un des princes qui y était entré le premier, qui avait donné asyle aux frères de Louis XVI et aux émigrés dans ses Etats, qui, ayant vu ses troupes dans Toulon, avait espéré réunir à son royaume la Provence, le Dauphiné et le Lyonnais. Au lieu de la réalité de ces grandes espérances que les traités de Pilnitz, de Pavie et l'or de Pitt lui avaient fait concevoir, ce roi fut obligé de consentir à la perte de la moitié de ses Etats, et d'être redevable de ce qui lui en restait à la générosité du Gouvernement français. Le ministre des affaires étrangères, d'Hautteville, connu à Turin par son dévouement à l'Angleterre, devint un objet de haine. Toutes les espérances se tournèrent vers le comte Graneri que les partisans de la coalition avaient signalé comme un moteur d'innovations. Aussitôt après l'armistice, les ministres des Cours coalisées accréditées auprès du roi de Sardaigne, quittèrent Turin et se retirèrent à Pavie.

Le 24 floréal an 4, le directoire exécutif reçut, dans une séance publique, vingt-un drapeaux enlevés par les républicains Français aux Autrichiens et aux Piémontais. Le ministre de la guerre qui présenta l'officier-général, porteur de ces trophées, prononça un discours dans lequel il rendit hommage à la valeur de l'armée d'Italie qui avait ouvert la campagne par des triomphes précurseurs d'une paix digne de la France. Il paya aussi un juste tribut d'éloges au jeune général qui venait de s'immortaliser en si peu de jours. L'officier-général parla ensuite avec cet accent mâle et ce ton modeste qui caractérisent les héros. Il jura au nom de ces compagnons d'armes, qu'ils verseraient jusqu'à la dernière goutte de leur sang pour la défense de la république, pour l'exécution des loix, pour le maintien de la constitution de 1795. Le président du directoire répondit avec une émotion qui rendit ses paroles plus touchantes. Il offrit une épée au brave militaire et lui donna l'accolade fraternelle. Cette séance d'une demi-heure présenta un spectacle imposant et tout à la fois attendrissant, pendant lequel on remarqua un enthousiasme général qui se manifesta par des cris répétés de vive la république !

Le général Buonaparte fit demander au directoire

directoire qu'il lui fut envoyé, de Paris, trois ou quatre artistes, connus par leurs talens, afin de recueillir les monumens des beaux arts.

CHAPITRE II.

Passage du Pô par les Français. Combat de Fombio. Combat et prise de Casale. Demande d'une suspension d'armes par le duc de Parme; les conditions qui lui sont imposées. Prise et bataille de Lody, ses suites. Consternation à Milan; départ de la Cour. Prise de Pizzighitone et de Crémone. Entrée des Français dans Milan. Conclusion de l'armistice avec le duc de Modène; conditions de l'armistice. Proclamation de Buonaparte à ses soldats. Soulèvement à Milan, à Bagnasco et à Pavie. Proclamations de Buonaparte, du général de brigade Despinoy et du commissaire du pouvoir exécutif Salicetti aux habitans de ces différentes villes. Prise de Borghetto. Prise de Peschiera et de Rivoli. Entrée des Français dans Veronne.

Aussitôt la conclusion de l'armistice, l'armée française fut mise en mouvement, et marcha, le 10, vers le Pô. Le général Beaulieu ayant fait évacuer toutes ses positions à toutes ses troupes, le général Massena arriva à Alexandrie. Les Autrichiens n'ayant pu emporter leurs magasins et les ayant vendus à la ville, le général Massena s'en empara. La ville de Valence fut remise par les Napolitains aux troupes piémontaises d'après l'ordre qui leur fut intimé par le roi de Sardaigne, de rendre cette place. Après avoir remis cette ville aux Piémontais, les Napolitains repassèrent le Pô et se réunirent au général Beaulieu.

Les opérations de ce général n'étaient pas approuvées à Milan. Les partisans de l'archiduc, gouverneur de la Lombardie autrichienne, qui avaient toujours été pour la guerre défensive, blâmaient hautement le général Beaulieu qui avait été l'auteur du plan de campagne adopté par les alliés. En supposant que le système de guerre défensive n'eût pas arrêté les Français, on présumait qu'ils n'auraient pas fait des progrès aussi rapides, si les alliés eussent employé toutes leurs forces à soutenir leur ligne, au lieu de morceler leur armée pour essayer des opérations hasardeuses.

On était surpris des progrès rapides des Français. On ne pouvait concevoir l'esprit qui animait cette armée, qui courait tous les jours à la victoire. Au lieu de relâcher les liens de la discipline pour se l'attacher, au lieu de la souffrir se porter au pillage pour la dédommager des longues privations qu'elle avait supportées avec tant de grandeur d'ame, le général Buonaparte, par sa conduite et son caractère, l'avait raffermie dans ces principes qui font naître l'amour des belles actions et l'éloignement le plus marqué pour toutes sortes de bassesses. Il avait inspiré aux troupes françaises une énergie et un mépris souverain pour la rapine, qui les rendirent plus redoutables, qui leur gagnèrent l'amitié des habitans du pays qui s'attendaient à des dépradations, et qui firent voir la différence qu'il y avait entre la conduite des propres défenseurs et celle des conquérans. Ces principes furent entretenus par des jugemens sévères contre les coupables, et quelques exemples suffirent pour les faire observer exactement.

L'armée autrichienne, après avoir passé le Pô à Valence, se fortifia entre le Tessin et la Sessia, le long de Cordogna et du Terdoppio, afin de défendre l'entrée du Milanais. Après différentes marches et différens mouvemens militaires pour faire penser à l'ennemi que les Français voulaient passer le Pô à Valence, le général Buonaparte se transporta, par une marche forcée, à Cassel San-Giovanni, avec trois mille grenadiers et quinze cents chevaux. Le chef de bataillon Andreossy, et l'adjudant-général Frontin parcoururent, le 17 floréal, à onze heures du soir, avec cent hommes de cavalerie, la rive du Pô jusqu'à Plaisance, et arrêtèrent cinq bateaux chargés de riz, d'officiers, de cinq cents malades et de toute la pharmacie de l'armée autrichienne. L'ennemi regardait ce fleuve comme une barrière capable d'arrêter les Français; le passage fut tenté, et l'entreprise réussit.

Le 18, à neuf heures du matin, les Français arrivèrent au Pô, vis-à-vis Plaisance;

Le 18 floréal, passage du Pô par les Français.

il y avait de l'autre côté deux escadrons d'hussards qui faisaient mine de vouloir leur disputer le passage ; les Français se précipitèrent dans des barques, sur des radeaux et des ponts volans, et abordèrent de l'autre côté : après quelques coups de fusil, la cavalerie ennemie se replia.

Le chef de brigade Lasne, aussi brave qu'intelligent, fut le premier qui mit pied à terre. Les divisions de l'armée, qui étaient toutes en échelons à différentes distances, précipitèrent leur marche, dès l'instant que le mouvement fut démasqué, et passèrent dans la journée.

Le général Beaulieu, instruit de leur marche, se convainquit, mais trop tard, que ses efforts étaient impuissans, que ses fortifications du Tessin et ses redoutes de Pavie étaient inutiles, que les Français républicains n'étaient plus les mêmes que sous François premier : il ordonna à un corps de six mille hommes d'infanterie et de deux mille chevaux de se porter à la rencontre des Français, de s'opposer au débarquement ou de les attaquer, lorsqu'ils ne seraient pas encore formés. Ses combinaisons furent vaines. Le 19 , sur le midi, une division ennemie était proche des Français ; les Autrichiens avaient vingt pièces de canon et étaient retranchés dans le village de Fombio.

Le général de brigade Dallemagne, avec les grenadiers, attaqua sur la droite ; l'adjudant-général Lanus, sur la chaussée ; le chef de brigade Lasne, sur la gauche. Après une vive canonnade et une résistance assez soutenue, les Autrichiens furent forcés de se retirer avec précipitation sur Pizzighitone, derrière la rivière de l'Adda, sur le chemin de Crémone. Ils furent poursuivis jusqu'à la nuit et dans l'espace d'au moins dix mille ; ils perdirent cinq cents hommes tués ou blessés, cent cinquante prisonniers, trois cents chevaux, beaucoup de bagages et différens objets d'approvisionnement. La cavalerie napolitaine souffrit beaucoup dans cette action.

<small>Le 19 floréal, combat de Fombio.</small>

Un autre corps d'Autrichiens de cinq mille hommes, qui était à Casale, partit pour venir au secours de celui de Fombio. Le général Buonaparte et le commissaire Salicetti avaient quitté le village de

<small>Le 20, affaire et prise de Casale.</small>

Malco, situé en avant et très-près de Pizsighitone. Le général Buonaparte avait donné l'ordre au général de division Laharpe de se rendre à Cordogno, et de surveiller avec beaucoup d'attention le chemin de Casale, par où il supposait que le général Beaulieu pourrait, en se retirant de Pavie, se joindre à la division qui venait d'être battue.

Le général Beaulieu se trouvant en effet à Casale dans la nuit, une de ses reconnaissances, forte de deux à trois cents hommes, soit qu'elle se fût égarée, ou qu'elle eût été poussée à dessein, tomba sur le chemin de Cordogno, et culbuta les vedettes françaises. Le général Laharpe en étant instruit par l'annonce répandue au camp, monta à cheval, dirigea sa course vers l'avancée où l'on prétendait que l'ennemi se présentait. Il fit avancer une demi-brigade; l'ennemi fut culbuté et disparut : mais le général Laharpe fut frappé d'une balle et tomba mort. Le général Berthier se rendit sur-le-champ à Cordogno, prit Casale, cinquante prisonniers et une grande quantité de bagages. Par la mort du général Laharpe, la France perdit un homme qui lui était très-attaché, l'armée un bon général, et les soldats un compagnon d'armes intrépide, mais sévère pour la discipline.

Le succès du passage du Pô et du combat du Fombio, fut dû en partie au courage du chef de brigade Lasne ; il passa le premier le Pô ; attaqua, à la tête d'un bataillon de grenadiers, sept à huit mille Autrichiens à Fombio, les en débusqua, les poursuivit pendant dix milles, en suivant avec les grenadiers la cavalerie au grand trot. Les généraux Dallemagne, Menars, et le général Berthier, chef de l'état-major, montrèrent aussi la plus grande bravoure, ainsi que toutes les troupes.

Le passage fut une de ces opérations les plus importantes ; il y avait des paris que les Français ne le passeraient pas de deux mois. Ce fut pour eux l'affaire d'une journée étant conduits par un général en chef dont la prudence, le discernement, la sagesse des combinaisons militaires, la sagacité à pressentir les desseins de l'ennemi, et à les prévenir, et la rapidité dans les opérations doivent lui donner pour la gloire et le mérite la prééminence sur les généraux les plus renommés de l'Europe.

La marche victorieuse des Français alarma toute l'Italie. Plaisance avait vu le passage du Pô qui la baigne ; le duc de Parme, son souverain, demanda un armistice, il lui fut accordé. La suspension d'armes fut conclue le 20 floréal an 4, entre l'armée française en Italie, et le duc de Parme et de Plaisance par l'intermédiaire du général Buonaparte, commandant l'armée française, et MM. les marquis Antonio Pallavicini et Philippo dalla Rosa, plénipotentiaires du duc de Parme, sous la médiation de M. le comte de Val de Paraïso, ministre d'Espagne à Parme.

Les dispositions contenaient qu'il y aurait suspension d'armes entre l'armée de la république française et le duc de Parme, jusqu'à ce que la paix eût été conclue entre les deux Etats ; que le duc de Parme enverrait des plénipotentiaires à Paris, près du directoire exécutif ; que le duc payerait une contribution militaire de deux millions de livres, monnaie de France, payables, soit en lettres-de-change sur Gênes, soit en argenterie, soit en monnaie; qu'il y aurait cinq cents mille livres payées dans cinq jours, et le reste dans la décade suivante; qu'il serait remis douze cents chevaux de trait, harnachés avec des colliers, quatre cents de dragons, harnachés, et cent de selle pour les officiers supérieurs de l'armée; qu'il serait aussi remis vingt tableaux au choix du général en chef, parmi ceux existans dans le duché; qu'il serait versé dans les magasins de l'armée à Tortone dix mille quintaux de bled, cinq mille d'avoine, et qu'il serait mis deux mille bœufs à la disposition de l'ordonnateur en chef pour le service de l'armée; que, moyennant cette contribution, les Etats du duc de Parme seraient traités comme les Etats neutres jusqu'à la fin des négociations qui devaient s'entamer à Paris.

Le directoire exécutif fut informé des articles de cette suspension, par une lettre du général Buonaparte, datée du 20 floréal, du quartier-général de Plaisance, ainsi conçue :

Vous trouverez ci-joint les articles de la suspension d'armes que j'ai accordée au duc de Parme. Je vous enverrai le plutôt possible les plus beaux tableaux du Corrège, entr'autres un Saint-Jerôme que l'on dit être son chef-d'œuvre. J'avoue que ce saint prend un mauvais tems pour arriver à Paris; j'espère que vous lui accorderez les honneurs du Muséum. Je vous réitère la demande de quelques artistes connus qui se chargeront du choix et des détails de transport des choses rares que nous jugerons devoir envoyer à Paris.

Tous les arrangemens sont pris pour les renforts qui doivent venir de l'armée des Alpes, il n'y aura aucune difficulté pour les passages.

Après le passage du Pô, qu'on doit regarder comme une des opérations les plus hardies, et la bataille de Millesimo comme une des actions les plus vives, la bataille de Lody joignit ensemble le caractère de l'audace et celui de la rapidité.

Parti de Plaisance pour Casale que le général Berthier, chef de l'état-majour avait enlevé la veille à l'ennemi, le quartier-général arriva, le 21 floréal, à ce dernier lieu, à trois heures du matin ; à neuf heures, il se porta à l'avant-garde qui dirigeait sa marche à la poursuite de l'ennemi vers Lody. Le général Buonaparte avait tellement disposé les différentes divisions de l'armée qu'en deux ou trois heures de tems elles pouvaient se réunir sur un point. Son projet était d'attirer l'ennemi dans une affaire générale. Il ordonna aussitôt à toute la cavalerie de monter à cheval, avec quatre pièces d'artillerie qui venaient d'arriver, et qui étaient attelées avec les chevaux de carrosse de la ville de Plaisance. La division du général Augereau qui avait couché à Borghetto, et celle du général Massena se mirent en marche. Il y avait en avant, et à quelque distance de la ville de Lody, un bataillon de Nadasti, deux escadrons de cavalerie qui defendaient le passage avec deux pièces de canon. L'affaire s'engagea ; l'avant-garde française culbuta tous les points ennemis,

Le 21 floréal, prise et bataille de Lody.

s'empara d'une pièce de canon et entra dans la ville de Lody. Les Autrichiens, obligés d'abandonner cette ville, se replièrent sur le corps de leur armée qui se trouvait en position sur la rive gauche de l'Adda. Beaulieu, avec toute son armée, était rangé en bataille; trente pièces de canon de position défendaient le passage du pont et commandaient la ville. Les Français ne furent pas plutôt entrés dans Lody que le général Beaulieu commença à canonner fortement cette ville. Son dessein était de leur empêcher le passage du pont qu'il n'avait pas eu le tems de couper, et qu'il faisait défendre par dix mille hommes tant d'infanterie que de cavalerie.

Le général Buonaparte s'y portant en personne fit placer sous le feu d'une grêle de mitraille, deux pièces de canon à l'entrée du pont pour empêcher que les ennemis ne tentassent de le couper. La canonnade fut très-vive de part et d'autre pendant plusieurs heures, et l'ordre fut donné au général de division Augereau de rejoindre avec sa troupe le plus promptement possible. Le général Massena reçut pareillement l'ordre de former en colonne serrée le corps de quatre mille grenadiers qui venait d'arriver, ayant à sa tête le deuxième bataillon de carabiniers, et tout fut disposé pour le passage du pont.

Cette redoutable colonne formée, le général en chef en parcourut les rangs, sa présence mit l'enthousiasme dans le cœur des soldats; il fut accueilli aux cris répétés de *vive la république!* On se présenta sur le pont qui a cent toises de longueur. L'ennemi fit un feu terrible; la charge fut battue, et la troupe s'y lança avec la rapidité de l'éclair.

Le feu que les batteries et la mousqueterie ennemies vomissaient, arrêta un instant la colonne et pensa l'ébranler. Un moment d'hésitation eût tout perdu. Les généraux Berthier, Massena, Cervoni, Dallemagne, le chef de brigade Lasne et le chef de bataillon Dupat, le sentirent; ils se précipitèrent à la tête et décidèrent le sort encore en balance. Les grenadiers se jetèrent sur les pièces ennemies, elles furent dans un instant enlevées. L'ordre de bataille du général Beaulieu fut rompu de tous côtés ; l'épouvante, la fuite et la mort furent semées par-tout ; et, dans un instant, l'armée ennemie fut éparpillée. Le général Augereau arrivant à pas redoublés avec sa division, dont l'avant-garde était commandée par le général Rusca, acheva la déroute de l'ennemi. Il fut forcé dans toutes ses positions, abandonnant toute son artillerie, ses caissons, ses bagages, et laissant le champ de bataille jonché de mort.

La cavalerie passa l'Adda à un gué ; mais ce gué s'étant trouvé extrêmement mauvais, elle éprouva beaucoup de difficulté et de retard, ce qui l'empêcha d'arriver assez à tems pour donner. Pour protéger la retraite de l'infanterie, la cavalerie ennemie essaya de charger les Français qui ne se laissèrent pas épouvanter. La nuit qui survint et l'extrême fatigue des troupes, dont plusieurs avaient fait dans la journée plus de dix lieues, ne permirent pas aux Français de pousser loin leur poursuite. L'ennemi perdit trois mille

mille hommes tués ou blessés, vingt pièces de canon, et on lui fit huit cents prisonniers.

Depuis le commencement de la campagne, les Français eurent des affaires où il fallut qu'il fût souvent payé d'audace; aucune n'approcha du terrible passage du pont de Lody. Cette victoire fut jusqu'alors la plus glorieuse de la campagne, à cause de l'obstacle qu'il fallut surmonter. Le général Berthier fut, dans cette journée, canonnier, cavalier et grenadier. Tous les officiers et toutes les troupes se distinguèrent dans cette mémorable journée. Si les Français n'y perdirent pas plus de monde qu'ils en perdirent, ils en furent redevables à la rapidité de l'exécution, à l'effet subit que produisirent sur l'armée ennemie la masse et les feux redoutables de l'intrépide colonne serrée. Le commissaire du Gouvernement Salicetti ne quitta pas les côtés du général en chef.

Le général Beaulieu s'enfuit avec les débris de son armée ; il traversa les Etats

Tome IV. E

de Venise, dont plusieurs villes lui fermèrent les portes.

Les premiers succès de l'armée française en Italie avaient répandu à Milan la consternation dans le cœur de ceux des habitans qui tenaient à l'Autriche. On avait fait des prières publiques dans l'église métropolitaine ; on avait engagé les riches à faire des aumônes aux veuves et aux orphelins des soldats qui avaient péri dans les combats. La même cérémonie avait été ordonnée dans les campagnes. Aussitôt que la nouvelle du passage du Pô fut parvenue dans la ville de Milan, le plus grand désordre et la plus grande division y regnèrent. On s'empressait d'en faire sortir les effets les plus précieux. Les émigrations devinrent si nombreuses et si précipitées qu'on ne trouvait plus de chevaux. Les jeunes princes, sous la conduite du bailli Valente Gonzague, leur gouverneur, et la dame archiduchesse avec sa gouvernante, prirent la route de Mantoue ; toute la Cour partit. Ils avaient eu le projet de se rendre à Bergame; mais, comme la route qui conduit dans cette ville était peu sûre, depuis que les Français avaient passé le Pô, on ne se détermina qu'avec crainte à prendre cette route.

La curiosité de voir partir la Cour excita à Milan beaucoup de mouvement. L'archiduc et l'archiduchesse pleurèrent en partant. La multitude qui remplissait les rues et les places de la cathédrale et de la Cour parlait tout bas, sans donner aucun signe de tristesse et de joie. Les Milanais qui suivirent la Cour furent en petit nombre ; il n'y eut que Pazzi, quelques autres personnes qui avaient arrêté l'ambassadeur Semonville, et les rédacteurs de la gazette ministérielle.

Après leur départ, il y eut au cours de la porte Romaine une foule innombrable, qui s'y rendit dans l'idée d'y voir arriver les Français. On apperçut d'abord un petit nombre de cocardes nationales, et ensuite elles se multiplièrent tellement que la moitié des spectateurs en fut décorée. Les armes impériales de plusieurs édifices furent ôtées ; on afficha au palais de la Cour un avis, portant : *Maison à louer* ;

les clefs chez le commissaire Salicetti. Beaucoup de nobles firent dégalonner leurs livrées, et ôtèrent leurs armoiries des voitures et des maisons. Les milices civiques firent de nombreuses patrouilles, et maintinrent la tranquillité et le bon ordre. Leur formation ayant été ordonnée par un édit de l'empereur, personne ne voulut y entrer; il n'y eut que les courtisans qui se firent inscrire. Après le départ de la Cour, les représentans de la ville ayant renouvelé l'ordre, tout le monde voulut faire le service; et, ce qu'on n'avait pas vu jusqu'alors, les nobles, les conseillers, les notables de toute espèce, servirent aussi comme simples soldats.

Après l'armistice du roi de Sardaigne, le général Beaulieu s'était flatté de pouvoir disputer aux Français le passage des fleuves, ou du moins de défendre le territoire pied à pied, et de se retirer enfin sur Mantoue, pour y attendre des renforts de l'Allemagne. Ce fut dans cette vue qu'après avoir abandonné les rives du Pô dans la Lomelline, il forma un cordon sur le Tessin, depuis Buffalora jusqu'à

Pavie, et depuis Pavie jusqu'à Belgiorioso et Casale - Pusterlengo, s'imaginant que les Français tenteraient plutôt le passage du Tessin, comme plus facile. Cette conduite étonna tout le monde, parce qu'on voyait que les Français prenaient la route de Plaisance, pour couper à Beaulieu la retraite sur Mantoue. En effet les Français, avec un petit corps, passèrent le Pô au-dessus de Plaisance, en faisant des démonstrations, comme si leur armée avait eu le projet de passer le fleuve dans cet endroit. Les Autrichiens y accoururent; et, dans la nuit suivante, l'armée française effectua le passage en quelques heures, vers Casale-Pusterlengo, sur des ponts volans, des barques et des radeaux. Attaqués par la cavalerie napolitaine, les Français taillèrent en pièces le régiment de la reine. Beaulieu rappela alors les troupes qui étaient à Buffalora, à Abbiatergasse, à Sesatte, à Pavie, et leur fit faire une marche forcée. Celles qui étaient à Buffalora arrivèrent dans la nuit à Milan; et, après quelques heures de repos, il les fit marcher vers Cassano sur l'Adda, donna ensuite de nouveaux ordres, et dirigea ses troupes vers Lodesau.

Les Autrichiens, après l'action sous Lody, se retirèrent sur la rive gauche de l'Adda, abandonnant cette ville aux Français. Rien ne put alors les empêcher de marcher sur Milan. Le général Beaulieu, avant de sortir de Pavie, fit brûler plusieurs barques ; il voulut aussi incendier les magasins, mais la ville les acheta cent mille florins. Ayant fait miner le beau pont du Tessin, la mine fit heureusement peu d'effet.

Avant de partir de Lody, le général Beaulieu exigea une contribution partie en argent, partie en denrées. Les Français marchant de près sur les traces des restes de l'armée de Beaulieu, on avait l'opinion à Milan que peu d'Autrichiens, excepté les prisonniers, pourraient retourner en Allemagne, et que Mantoue resterait sans garnison, quoique le général Beaulieu eût résolu d'y arriver à tout prix.

L'arrivée des troupes de Buffalora donna beaucoup d'inquiétude à Milan, parce qu'on crut qu'elles devaient rester en garnison dans la citadelle qui avait déjà été mise en état de siége ; mais on se rassura, en voyant qu'on n'y laissa que dix-huit cents hommes, la plupart croates ou invalides. Cette garnison, insuffisante pour une citadelle dont les ouvrages extérieurs sont très-étendus, n'était pas en état de soutenir un siége en forme. Le colonel Lami, du corps du génie, en eut le commandement.

Après la bataille de Lody, le général Beaulieu se porta sur Pizzighitone. Cette ville se trouvant occupée, fut cernée et ensuite attaquée. Cette ville ne tint pas long-tems ; la garnison de trois cents hommes fut faite prisonnière ; cinq canons de bronze et plusieurs magasins tombèrent au pouvoir des Français. Crémone se rendit sans essayer d'opposer une résistance inutile. Tandis que l'infanterie française prenait ces villes, la cavalerie était à la poursuite de l'ennemi dispersé dans les environs de Crême et de Brescia.

Le 22 floréal, prise de Pizzighitone et de Crémone.

Le général Massena, commandant l'avant-garde de l'armée française, était attendu d'un moment à l'autre à Milan.

Le 25 floréal, entrée des Français à Milan.

Le 25 floréal, après avoir reçu, en passant, la soumission de Pavie où étaient tous les magasins de l'armée impériale, il fit, sur les onze heures du matin, son entrée publique dans Milan, et fut reçu par la municipalité et les autres corps administratifs qui étaient allés au-devant de lui à la porte Romaine. Le quartier-général de l'armée française vint s'y établir le lendemain, pour faire prendre quelques jours de repos aux troupes qu'un mois de course et d'exploits les plus glorieux avait extrêmement fatiguées.

Une députation était partie de Milan, pour porter les clefs de la ville aux Français et attendre l'avant-garde à Marignan. Un des représentans de Milan, le comte Melzi, vit à Melezuono le général Buonaparte, qui lui donna une escorte de cavalerie pour le reconduire, les chemins étant couverts de déserteurs allemands. La ville de Milan était entièrement changée, il y régnait une union, un mouvement, un esprit de liberté inconnus auparavant. L'arbre de la liberté y fut planté en grande cérémonie, sur la place du Dôme, le 14 mai, 25 floréal an 4. Le général Massena ayant reçu les clefs de la ville de Milan, il les frappait l'une contre l'autre en entrant dans la ville, en signe d'applaudissement. Le 26, jour que Buonaparte faisait son entrée à Milan, les ambassadeurs du roi de Sardaigne signaient à Paris le traité de paix définitif entre ce prince et la France.

L'entrée du général Buonaparte dans Milan fut très-brillante. Arrivé à la porte Romaine, la garde nationale baissa les armes devant lui. Il fut complimenté à plusieurs reprises, au milieu des cris de joie d'une foule immense, par la ville et la noblesse, qui étaient allées au-devant de lui, dans de belles voitures. Il était précédé d'un gros détachement d'infanterie, entouré de sa garde de hussards et suivi des voitures et de la garde nationale milanaise. Il marcha dans cet ordre jusqu'à la place du palais archiducal, où il logea; des marches et des symphonies furent exécutées par les musiciens français et milanais; un dîner de deux cents couverts fut servi au palais, et la journée finit par un bal brillant, où les dames parurent avec les couleurs nationales françaises.

Le 27 floréal il y eut illuminations; le lendemain 28, on mit les scellés sur toutes les caisses, tant archiducales que de la ville, et il fut arrêté qu'elles seraient versées dans les caisses françaises. On prit cinq mille fusils et sabres; on ne laissa que les armes nécessaires pour une garde limitée, qui fit le service. Milan s'obligea à entretenir quinze mille hommes pour cerner la citadelle, qui, d'après les conventions faites, ne pouvait tirer sur la ville. Elle tira seulement sur les travailleurs, qui commençaient des ouvrages du côté de la campagne. La contribution provisoire demandée à la ville de Milan, fut de vingt millions. Afin de rendre cette contribution moins onéreuse au peuple, on consacra au paiement l'argenterie des églises et les fonds des monts-de-piété. Les Français entrèrent aussi le 28 dans Côme.

Le patriotisme fit des progrès rapides dans Milan; on songea à envoyer des députés à Paris, pour former une république sous la protection de la France. Les orateurs de la liberté se répandirent dans les villages. Pavie envoya des députés, pour s'unir avec la société populaire de Milan ; et cette ville choisit aussi des orateurs pour éclairer le peuple. Le général Buonaparte adressa une proclamation aux Milanais, pour animer leur courage et les disposer à fournir, à l'armée française, les vivres et les munitions nécessaires dont elle avait besoin et qu'elle ne pouvait se procurer facilement de la France, promettant de payer aux vendeurs sur le produit de la contribution de guerre, ou en argent comptant, la valeur de tous les objets en réquisition.

Tandis que le général Buonaparte prenait les moyens pour pousser la guerre avec toute la vigueur possible en Italie, le Gouvernement d'Autriche prenait toutes les mesures qui étaient en son pouvoir pour réparer les revers que son armée d'Italie avait essuyés, et pour en arrêter les suites. Tous les corps militaires des différentes parties de l'Autriche eurent ordre d'aller renforcer les débris de l'armée de Beaulieu ; et, pour accélérer leur marche, leurs armes et leurs bagages furent transportés par des voitures qui furent mises de toute part en réquisition.

Trente mille hommes de l'armée du Rhin devaient s'avancer vers l'Italie, par le Tirol, et être remplacés, en Allemagne, par des troupes tirées de la Bohême et de la Moravie. Quelqu'était l'effet que l'on espérait de ces mouvemens, on n'en sentait pas moins, plus vivement que jamais, le besoin d'une pacification ; et le ministre directoriale Collowrath proposa, en présence de l'empereur, de travailler sérieusement à l'obtenir le plus promptement possible.

Le général Cervoni était à Plaisance, le général Augereau à Crémone, et le général Beaulieu au-delà de Mantoue avec ce qui lui restait de son armée. Il reçut cependant quelques renforts. Mantoue fut bloqué par douze mille Français. Vu l'importance de cette ville, la garnison n'en était pas alors nombreuse. La défense de cette place était confiée au général baron de Stein, qui commandait auparavant à Milan.

Une colonne française s'approchant de Modène, avait fait prendre la fuite au duc souverain de cette contrée. Son unique héritière, épouse de l'archiduc de Milan, devait porter ces pays dans les domaines de la maison d'Autriche, redevable de son agrandissement à des mariages; c'est ce qui avait fait dire : *tu felix austia nube*. Ce duc, connu par des traits d'avarice, s'était retiré, comme avait fait son aïeul dans une circonstance critique, à Venise, emportant avec lui vingt-trois millions en sequins, quoiqu'il eût placé ailleurs, et avant ce tems, environ vingt millions ; ce qui retirait de la circulation un capital extraordinaire pour l'étendue du territoire, et qui lui devenait préjudiciable. Le duc de Modène promit à ses chers et fidèles sujets, dans un manifeste qu'il fit rendre public le lendemain de son départ, qu'il leur promettait de revenir quand l'orage serait dissipé. De son asyle de Venise, il envoya, au général Buonaparte, son frère le commandeur d'Est, en qualité de plénipotentiaire, pour obtenir une suspension d'armes. L'armistice fut conclu le premier prairial.

<small>Le premier prairial, conclusion de l'armistice avec le duc de Modène.</small>

Les conditions de l'armistice étaient que le duc de Modène payerait à la république française : 1°. sept millions cinq cents mille livres, monnaie de France, dont trois millions seraient versés sur-le-champ dans la caisse du payeur de l'armée, deux millions dans le délai de quinze jours entre les mains de M. Balbi, banquier de la république française à Gênes, et le restant entre les mains du même banquier à Gênes dans le délai d'un mois; 2°. qu'il serait fourni en outre 2 millions 500 mille livres en denrées, poudres et autres munitions de guerre désignées par le général; 3°. que le duc de Modène serait tenu de livrer vingt tableaux à prendre dans sa galerie ou dans ses Etats, au choix des citoyens commis à cet effet, et que, moyennant ces conditions, les Français en passant par les Etats du duc, ne feraient aucune réquisition, et que les vivres qui leur seraient fournis, seraient payés de gré à gré.

Le général Buonaparte après la conclusion de l'armistice avec le duc de Modène adressa, le praimier prérial, la proclamation suivante au soldats français :

Soldats,

Vous vous êtes précipités, comme un torrent, du haut de l'Apennin ; vous avez culbuté, dispersé tout ce qui s'opposait à votre marche.

Le Piémont, délivré de la tyrannie Autrichienne, s'est livré à ses sentimens naturels de paix et d'amitié pour la France.

Milan est à vous, et le pavillon républicain flotte dans toute la Lombardie. Les ducs de Parme et de Modène ne doivent leur existence politique qu'à votre générosité.

L'armée qui vous menaçait avec tant d'orgueil, ne trouve plus de barrière qui le rassure contre votre courage. Le Pô, le Tessin, l'Adda, n'ont pu vous arrêter un seul jour. Ces boulevards vantés de l'Italie ont été insuffisans ; vous les avez franchis aussi rapidement que l'Apennin.

Tant de succès ont porté la joie dans le sein de la patrie. Vos représentans ont ordonné une fête dédiée à vos victoires, célébrée dans toutes les communes de la république. Là, vos pères, vos mères, vos épouses, vos sœurs, vos amantes se réjouissent de vos succès, et se vantent avec orgueil de vous appartenir.

Oui, soldats, vous avez beaucoup fait ;... mais ne vous reste-t-il plus rien à faire ? Dira-t-on de nous que nous avons su vaincre ; mais que nous n'avons su profiter de la victoire ? La postérité nous reprochera-t-elle d'avoir trouvé Capoue dans la Lombardie ?..... Mais je vous vois déjà courir aux armes ; un lâche repos vous fatigue, les journées perdues pour la gloire le sont pour votre bonheur..... Hé bien ! partons. Nous avons encore des marches forcées à faire, des ennemis à soumettre, des lauriers à cueillir, des injures à venger.

Que ceux qui ont éguisé les poignards de la guerre civile en France, qui ont lâchement assassiné nos ministres, incendié

dié nos vaisseaux à Toulon tremblent....
l'heure de la vengeance a sonné.

Mais que les peuples soient sans inquiétudes, nous sommes amis de tous les peuples, et plus particulièrement des descendans des Brutus, des Scipion, et des grands hommes que nous avons pris pour modèles.

Rétablir le Capitole, y placer avec honneur les statues des héros qui le rendirent célèbre, réveiller le peuple Romain engourdi par plusieurs siècles d'esclavage : tel est le fruit de vos victoires ; elles feront époque dans la prospérité. Vous aurez la gloire immortelle de changer la face de la plus belle partie de l'Europe.

Le peuple Français libre, respecté du monde entier, donnera à l'Europe une paix glorieuse qui l'indemnisera des sacrifices de toute espèce qu'il fait depuis six ans ; vous rentrerez alors dans vos foyers, et vos concitoyens diront, en vous montrant : *Il était de l'armée d'Italie....*

Non content de disposer le courage des troupes à de nouveaux succès, le général

Buonaparte songea encore à embellir la France de tous les chef-d'œuvres les plus rares qui faisaient l'ornement de tous les Etats d'Italie, et qui attiraient dans cette contrée tous les savans, les riches et les curieux de l'Europe. Il fit partir de Milan pour Paris, outre une collection de tableaux des plus célèbres peintres, un manuscrit écrit sur le papyrus d'Egypte, ayant environ onze cents ans, sur les antiquités de Joseph, par Ruffin; un Virgile manuscrit, ayant appartenu à Pétrarque, avec des notes de sa main; un manuscrit très-curieux sur l'histoire des papes, etc. Les objets qui étaient à Parme et à Plaisance destinés pour la France, furent seulement notés.

L'armée Française, en entrant dans la Lombardie par la défaite des Autrichiens, n'aurait pas dû s'attendre à y être forcée de réprimer le peuple lui-même. Les témoignages d'alégresse qu'elle avait reçus, devaient lui faire concevoir d'autres espérances. Elle fut cependant réduite à cette triste position. Le peuple animé par le clergé et la noblesse, qui redoutaient les principes républicains qui devaient faire disparaître l'autorité et les avantages qu'ils avaient jusqu'alors trouvés dans sa dépendance, l'excitèrent au soulèvement. On voulut employer les moyens qui avaient presque toujours réussi aux Italiens dans les précédentes invasions des Français. On fit sonner le tocsin dans les campagnes; les prêtres et les nobles excitèrent au massacre des Français; leurs ordonnances et les employés de l'administration furent assassinés sur les routes par les paysans; la garnison laissée à Pavie, surprise chez ses hôtes, avait été désarmée. Le mouvement avait été combiné et avait eu lieu au même moment à Varèze, à Pavie, à Lody. Le résultat fut heureusement aussi prompt que favorable.

Parti de Milan, le 5 prairial, pour se rendre à Lody, le général Buonaparte n'avait laissé dans cette ville que les troupes nécessaires au blocus du château. Il était sorti de cette ville, comme il y était entré, au milieu des applaudissemens et de l'alégresse de tout le peuple réuni. Cette alégresse de la plupart était feinte; les trames étaient ourdies, et la trahison, sur le point d'éclater.

Arrivé à Lody, Buonaparte apprit du général Despinoy, commandant à Milan, que, trois heures après son départ, on avait sonné le tocsin dans une partie de la Lombardie; que l'on avait publié que Nice était pris par les Anglais; que l'armée de Condé était arrivée par la Suisse sur les confins du Milanais ; et que le général Beaulieu, renforcé de soixante mille hommes, marchait sur Milan. Les prêtres, les moines, le poignard et le crucifix à la main, excitaient à la révolte et provoquaient l'assassinat. De tous côtés, et partout, on sollicitait le peuple à s'armer contre l'armée. Les nobles avaient renvoyé leurs domestiques, disant que l'égalité ne permettait pas d'en tenir : tous les officiers de la maison d'Autriche, les sbires, les agens des douanes se montrèrent au premier rang.

On essaya d'abattre à Milan l'arbre de la liberté ; on déchira et on foula aux pieds la cocarde tricolore. Le général Despinoy, commandant de la place, étant monté à cheval, quelques patrouilles mirent en fuite cette populace effrénée. Cependant la porte qui conduit à Pavie étant encore occupée par les rebelles qui attendaient les paysans pour les y introduire, il fallut, pour les soumettre, battre le terrible pas de charge ; mais à la vue de la mort, tout rentra dans l'ordre.

A peine instruit de ce mouvement, le général Buonaparte rebroussa chemin avec trois cents chevaux et un bataillon de grenadiers. Il fit arrêter à Milan une grande quantité d'ôtages ; ordonna qu'on fusillât ceux qui avaient été pris les armes à la main, et déclara à l'archevêque, au chapitre, aux moines et aux nobles qu'ils répondraient de la tranquillité publique. La municipalité taxa à trois livres d'amende par domestique qui avait été licencié.

Le chef de brigade Lasne, commandant la colonne mobile, attaqua, le 6 prairial, Bagnasco où sept à huit cents paysans armés paraissaient vouloir se défendre. Il les chargea, en tua environ cent, et mit le reste en fuite. Le feu fut mis sur-le-champ au village. Quoique nécessaire, ce

Le 6 prairial, révolte de Bagnasco ; le feu est mis au village.

spectacle n'en fut pas moins terrible; le général Buonaparte en fut sensiblement affecté.

<small>Le 7, révolte de Pavie.</small> Le peuple de Pavie également soulevé, renforcé de cinq à six mille paysans, investit les trois cents hommes qui avaient été laissés dans le château. Prévoyant les malheurs qui menaçaient la ville de Pavie, le général Buonaparte fit appeler l'archevêque de Milan, et l'envoya de sa part le 6, porter au peuple soulevé de Pavie la proclamation suivante : « Une multitude égarée, sans moyens réels de subsistance, se porte aux derniers excès dans plusieurs communes, méconnaît la république, et brave l'armée triomphante de plusieurs rois : ce délire inconcevable est digne de pitié ; on égare ce pauvre peuple pour le conduire à sa perte. Le général en chef, fidèle aux principes qu'a adoptés la nation française qui ne fait pas la guerre aux peuples, veut bien laisser une porte ouverte au repentir; mais ceux qui, sous vingt-quatre heures, n'auront pas posé les armes, n'auront pas prêté de nouveau le serment d'obéissance à la

république, seront traités comme rebelles; leurs villages seront brûlés. Que l'exemple terrible de Bagnasco leur fasse ouvrir les yeux ! son sort sera celui de toutes les villes et villages qui s'obstineront à la révolte. »

Cette proclamation n'ayant produit aucun effet, le général Buonaparte se porta le 7, à la pointe du jour sur Pavie. Les avant-postes des rebelles furent culbutés. La ville paraissait garnie de beaucoup de monde et en état de défense ; le château avait été pris, et les français étaient prisonniers. Ayant fait avancer l'artillerie, Buonaparte, après quelques coups de canon, somma les habitans de poser les armes, et d'avoir recours à la générosité française. Ils répondirent que tant que Pavie aurait des murailles, ils ne se rendraient pas.

Le général Dommartin fit placer de suite le sixième bataillon des grenadiers en colonne serrée, la hache à la main, avec deux pièces de huit en tête ; les portes furent enfoncées, la foule immense se dispersa, se réfugia dans des caves et sur des toits, essayant en vain, en jetant des tuiles, de disputer aux Français l'entrée des rues. Trois fois Buonaparte voulut donner l'ordre de mettre le feu à la ville, lorsqu'il vit arriver la garnison du château qui, ayant brisé ses fers, venait avec alégresse embrasser ses libérateurs. L'appel fut fait, et il se trouva qu'il n'en manquait aucun. Si le sang d'un seul Français eût été versé, il en eût été fait de la ville ; et sur la ruine de Pavie, le général eût fait élever une colonne sur laquelle il y aurait eu cette inscription : *Ici était la ville de Pavie.* Buonaparte fit fusiller la municipalité et arrêter deux cents ôtages qu'il fit passer en France. On fit arrêter beaucoup de nobles et d'hommes suspects qui avaient eu part à la révolte. Quelques-uns des principaux chefs jugés par une commission militaire et reconnus coupables, furent aussi fusillés. Tout devint tranquille après cet acte de sévérité, qui devint une leçon propre à servir de règle aux peuples de l'Italie.

Buonaparte, après avoir rétabli le calme

dans Pavie, adressa la proclamation suivante aux peuples du Milanais :

« Les nobles, les prêtres, des agens de l'autorité égarent les peuples de cette belle contrée. L'armée française aussi généreuse que forte, traitera avec fraternité les habitans paisibles et tranquilles ; elle sera terrible, comme le feu du ciel, pour les rebelles et les villes qui les protégeraient.

Art. I. En conséquence, le général en chef déclare rebelles tous les villages qui ne se sont pas conformés à son ordre du 6 prairial. Les généraux feront marcher contre les villages les forces nécessaires pour les réprimer, y mettre le feu, et faire fusiller tous ceux qu'ils trouveront les armes à la main. Tous les prêtres, tous les nobles qui seront arrêtés dans les communes rebelles, seront arrêtés comme ôtages et envoyés en France.

II. Tous villages où l'on sonnera le tocsin, seront sur-le-champ brûlés ; les généraux sont responsables dudit ordre.

III. Les villages sur le territoire desquels il serait commis un assassinat d'un Français, seront taxés à une amende du tiers de la contribution qu'ils payent à l'archiduc dans une année, à moins qu'ils ne déclarent l'assassin, qu'ils ne l'arrêtent et ne le remettent entre les mains de l'armée.

IV. Tout homme trouvé avec un fusil et des munitions de guerre, sera fusillé de suite par l'ordre du général commandant l'arrondissement.

V. Toute campagne où il sera trouvé des armes cachées, sera condamnée à payer le tiers du revenu qu'elle rend, en forme d'amende ; toute maison où il sera trouvé un fusil, sera brûlée, à moins que le propriétaire ne déclare à qui il appartient.

VI. Tous les nobles ou riches qui seraient convaincus d'avoir excité le peuple à la révolte, soit en congédiant leurs domestiques, soit par des propos contre les

Français, seront arrêtés comme ôtages, transférés en France, et la moitié de leurs revenus confisquée. »

Après cette proclamation du général en chef, le général de brigade Despinoy, commandant à Milan, adressa le 9 prairial, aux habitans de cette ville, une autre adresse, portant :

« Les partisans de la tyrannie, les apôtres du fanatisme, les ennemis jurés de tout Gouvernement libre, ont tenté le 5 de ce mois, d'exécuter ouvertement les complots atroces qu'ils méditaient dans l'ombre. Ils voulaient faire de Milan une autre Pavie, un foyer de révolte et de sédition ; et tandis que d'une main ils semaient adroitement les alarmes parmi les esprits trop faibles et trop faciles à s'émouvoir, de l'autre ils soudoyaient avec l'or de l'Autriche, ces gens sans aveu, ces hommes sans patrie qui se nourrissent de troubles et d'agitations ; ils ralliaient autour d'eux une partie de ces crédules artisans, de ces habitans des campagnes qu'ils avaient égarés ou séduits, excitant les uns, corrompant les autres, et versant en tous lieux les poisons dont ils sont infectés.

» La trahison la plus insigne, l'hypocrisie la plus profonde, en opposition, avec la bonne-foi; la haine, en retour de la bienveillance et de la fraternité, voilà les sentimens dont ils voulaient payer tous ceux d'une armée triomphante et toujours généreuse, au sein de la victoire. Le masque qui les couvrait est tombé. Qu'ils tremblent, ces hommes pervers qui ont aiguisé des poignards contre leurs bienfaiteurs ! Que les ennemis du nom français apprennent à le respecter ! Les séditieux qu'ils avaient armés, les rebelles qui s'étaient levés à leur voix, sont rentrés dans la poussière. Les habitans de Bagnasco n'outrageront plus les Français; exterminés, errans et fugitifs, ils ont porté la peine due à leurs attentats. La flamme qui circule encore autour de leurs asyles, annonce assez que le châtiment a suivi de près l'offense; la révolte a été expiée par le feu; Pavie a vu briser ses portes par la hache victorieuse des républicains; la vengeance va s'appésantir sur toutes les têtes coupables, et le repentir, la prompte abjuration de tout égarement, conserveront seuls des droits à la clémence du vainqueur. C'est pour ouvrir une dernière voie au repentir, pour assurer le repos et la tranquillité des bons citoyens, protéger leurs personnes et leurs propriétés contre toute nouvelle entreprise de la part des rebelles, des assassins et des voleurs qui se sont glissés parmi eux, que le général commandant pour la république française à Milan, a ordonné et ordonne ce qui suit :

» Tous les habitans de Milan et de l'arrondissement sont tenus, dans le délai de vingt-quatre heures au plus tard, de déposer à l'atelier d'armes du Lazaretto, porte Orientale, les armes et les munitions de guerre, de telle nature qu'elles soient, qu'ils ont actuellement en leur pouvoir, sous peine, contre les contrevenans, d'être réputés auteurs ou complices des mouvemens de rebellion qui ont éclaté dans cette ville, le 5 prairial dernier, et dans les autres lieux de son arrondissement ; d'être arrêtés sur l'heure et traités militairement. Sont exceptées de ces dispositions, et jusqu'à nouvel ordre, les gardes civiques militaires actuellement armées, dans le nombre précédemment arrêté par le général commandant de la place.

» Tous les étrangers qui ne justifieront pas du motif valable de leur résidence à Milan, par des certificats authentiques, tant des autorités de leur pays que de celles de Milan, actuellement existantes et en fonctions; tous les gens sans aveu ou non domiciliés, sont tenus d'en sortir dans vingt quatre heures, également sous les peines portées dans l'article précédent, tant pour eux que pour ceux qui les recéleraient ; il leur sera accordé des passeports où seront désignés leurs noms, leur âge, la profession qu'ils exercent, le lieu de leur naissance, celui qu'ils ont choisi pour se retirer, et il en sera tenu un registre exact par la municipalité de Milan ; ces mêmes étrangers et personnes comprises dans la mesure ci-dessus, ne pourront résider dans tout l'arrondissement de Milan, et seront réputés leurs complices tous ceux qui leur auront donné asyle en contravention aux ordres du général commandant.

» Tout rassemblement ou attroupement quelconque sera à l'heure même dissous par la force armée ; tous ceux qui en auraient été les instigateurs ou les chefs seront arrêtés, traduits aux prisons de la ville et jugés militairement, dans l'espace de vingt-quatre heures.

» Toute société, club ou aggrégation politique, sous quelle dénomination qu'elle puisse exister, est et demeure dissoute jusqu'à nouvel ordre ; défenses sont faites à tout propriétaire, cafetiers, cabaretiers, aubergistes, de souffrir le moindre rassemblement ou conciliabule secret dans aucuns lieux de leurs maisons, sous les mêmes peines ci-dessus énoncées.

» Les bons citoyens sont invités au calme et à la confiance ; ils doivent se reposer, pour la sûreté de leurs personnes et de leurs propriétés, sur les principes de justice consacrés par la nation française, tant de fois reproduits par le général en chef de l'armée d'Italie, et par le commissaire du directoire exécutif près de la même armée, ainsi que par les armées triomphantes des guerriers qui ont franchi les Alpes et les Pyrénées, traversé le Pô et l'Adda.

» Sont responsables de la pleine et entière exécution de toutes ces mesures d'ordre et de sûreté, individuellement, tous les membres de la municipalité de Milan, tous les officiers de la garde civique de la ville, et particulièrement les chefs, les membres du congrès d'Etat actuellement en exercice, les tribunaux de justice, le clergé, et généralement toutes les autorités civiles, ecclésiastiques et militaires, tant de la ville de Milan que de tous les lieux compris dans son arrondissement ».

Cette proclamation, adressée aux habitans de Milan, fut suivie de la proclamation suivante, que Salicetti, commissaire du pouvoir exécutif, adressa, le 10 prairial, au peuple de la Lombardie :

« Les Français, après un usage si modéré de leurs conquêtes, devaient-ils s'attendre à tant de perfidie dans un pays vaincu ? Maîtres par leurs victoires, ils étaient

étaient autorisés, par les loix de la guerre, à en imposer les conditions aux peuples soumis par leurs armes.

» Amitié, fraternité, tandis qu'ils pouvaient se présenter en vainqueurs ; maintien des autorités locales, là où ils pouvaient tout renverser et établir légitimement un Gouvernement militaire.

» Une simple contribution, dont le peuple était exempt et qui ne devait frapper que sur les privilégiés et sur les riches, dont la quotité ne présentait ni excessiveté ni rigueur, dont la levée était éloignée de toute forme inquisitoriale; tandis qu'ils pouvaient tout envahir dans un pays lointain, où la guerre atroce faite à leur révolution les amenait.

» Respect le plus absolu pour les propriétés et pour les personnes ; telle a été leur conduite, parce que des républicains ne connaissent pas le droit du plus fort, et ne veulent être que généreux.

» Quel retour leur avez-vous présenté ? D'abord, une reconnaissance simulée des principes de la liberté dont vous vous disiez animés ; mais bientôt après, la révolte la plus caractérisée, d'autant plus criminelle que, répandue, ramifiée sur divers points, elle était évidemment l'effet d'une conspiration. Enfin, le pillage des approvisionnemens, l'interception des routes, l'assassinat des soldats.

» Les Français ont voulu vous ramener de vos égaremens par les moyens de douceur. A Bagnasco, où était votre premier corps de sédition, le pardon vous est offert ; vous avez, les premiers, fait feu sur la troupe ; il a fallu fondre sur vous, vous chasser par le feu et par la flamme. Retranchés à Pavie, le général en chef vous a généreusement fait sommer de vous rendre ; vous avez insolemment refusé de recevoir la sommation ; vous avez vous-mêmes donné le signal du combat ; il a fallu forcer les portes de la ville, s'en emparer et vous disperser.

» Vous témoignez à présent du repentir ; vous demandez grace : jugez-vous vous-mêmes, et voyez si vous en êtes dignes ? Pouvez-vous encore implorer la clémence d'un vainqueur, après en avoir si indignement abusé ?

» Les Français veulent cependant encore vous pardonner; rentrez dans vos foyers; reprenez vos propriétés, elles seront respectées; retournez à votre industrie; vivez tranquilles; repoussez les perfides insinuations du fanatisme qui voudrait vous séduire, au nom d'une religion que nous respectons et qu'il outrage; et celle du despotisme, qui ne s'agite que parce qu'il regrette la servitude dont il vous opprimait.

» Si vous savez apprécier ce nouveau bienfait, les Français consentent encore à devenir vos amis. Ils voulaient améliorer votre sort; ils voulaient vous faire partager les douceurs de la liberté; ils étaient déterminés à anticiper, autant qu'il serait en eux, l'époque, pour vous affranchir de certaines de ces impositions indirectes qui sont la calamité du pauvre et la richesse du privilégié. Sachez mériter leurs bonnes intentions, et espérez tout de leur amitié.

» Mais si vous devenez encore une fois ingrats et assassins, nous vous le déclarons, la vengeance sera terrible; la mort et le ravage sont réservés pour la punition des nouveaux forfaits. Le commissaire du Gouvernement se réfère en ce cas, aux mesures de rigueur présentées par la proclamation du général en chef, ainsi qu'aux ordres donnés par le commandant de la place à Milan.

» Ministres du culte, la république française, vous le savez, a proclamé le respect pour la religion : remplissez vous-mêmes le devoir qu'elle vous impose ; prêchez au peuple la morale de l'évangile, l'horreur pour le crime, la soumission aux loix. Les mauvais prêtres qui trompent et égarent l'opinion, sont seuls détestés et poursuivis; le prêtre vertueux trouve auprès des Français appui et protection ».

Sans les précautions et les moyens actifs de repression que prirent les généraux français, cette révolte de la Lombardie eût eu les suites les plus funestes pour l'armée d'Italie. Les paysans attroupés auraient assassiné par-tout les Français, et sans la surveillante ardeur du général en chef, qui l'arrêta dès son origine, elle eût fait des progrès rapides et alarmans, non-seulement dans le Milanais, mais encore dans toute l'Italie. Cette révolte ayant été comprimée, tout devint calme et tranquille, au moins pour le moment.

Après la bataille de Lody, le général Beaulieu ayant passé l'Oglio, trouva que cette rivière ne présentait pas une barrière assez forte à opposer aux Français, et il passa le Mincio. Il appuya sa droite au lac de Garda, sa gauche sur la ville de Mantoue, et plaça des batteries sur tous les points de cette ligne, afin de défendre le passage du Mincio.

Le général Buonaparte, persuadé qu'il ne devait laisser à l'ennemi aucun relâche, fit partir le quartier-général pour Brescia, où il arriva le 9 prairial. Le général de division Kilmaine reçut l'ordre de se porter, avec quinze cents hommes de cavalerie et huit bataillons de grenadiers, à Desinzanno. Il fut ordonné au général Rusca de se rendre, avec une demi-brigade d'infanterie légère, à Salo. Il s'agissait de faire croire au général Beaulieu qu'on voulait le tourner par le haut du lac, pour lui couper le chemin du Tirol, en passant par Riva. Le général en chef tint toutes les divisions de l'armée en arrière, de sorte que la droite, par où il voulait véritablement attaquer, se trouvait à un jour et demi de marche de l'ennemi. Il la plaça derrière la rivière de Chinsa, où elle avait l'air d'être sur la défensive, tandis que le général Kilmaine allait aux portes de Peschiéra et avait tous les jours des escarmouches avec les avant-postes ennemis, dans une desquelles fut tué le général autrichien Lieptay.

La division du général Augereau remplaça, à Desinzanno, celle du général Kilmaine, qui rétrograda à Lonado et arriva la nuit à Castiglione. Le général Massena se trouvait à Monte-Schiaro, et le général à Montze. A deux heures après minuit, toutes les divisions se mirent en mouvement, dirigeant toutes leur marche sur Borghetto, où le général Buonaparte avait résolu de passer le Mincio.

Le 11 prairial an 4, prise de Borghetto. L'avant-garde ennemie, forte de trois à quatre mille hommes d'infanterie et de dix-huit cents chevaux, défendait l'approche de Borghetto. La cavalerie française, flanquée par les carabiniers et les grenadiers, qui, rangés en bataille, la suivaient au petit trot, chargea avec beaucoup de bravoure, mit en déroute la cavalerie ennemie et lui enleva une pièce de canon. Les Autrichiens s'empressèrent de passer le pont et d'en couper une arche; l'artillerie légère engagea aussitôt la canonnade. On raccommodait avec peine le pont, sous le feu des batteries de l'ennemi, lorsqu'une cinquantaine de grenadiers, impatiens, se jetèrent à l'eau, tenant leurs fusils sur leur tête, ayant de l'eau jusqu'au menton, et ayant devant eux le général Cardanne. Les soldats ennemis crurent revoir la terrible colonne du pont de Lody; les plus avancés lâchèrent pied. On raccommoda alors le pont avec facilité, et les grenadiers, dans un seul instant, passèrent le Mincio et s'emparèrent de Valleggio, quartier-général de Beaulieu, qui venait d'en sortir.

Cependant, les ennemis ébranlés, en partie en déroute, étaient rangés en bataille entre Valleggio et Villa-Franca. On se donna bien de garde de les suivre. Ils parurent se rallier et prendre confiance. Leurs batteries se multiplièrent, se rapprochèrent, et c'est ce qu'on desirait. Le général Buonaparte eut peine à contenir l'impatience ou plutôt la fureur des grenadiers.

Sur ces entrefaites, le général Augereau passa avec sa division. Il avait ordre de se porter, en suivant le Mincio, droit sur Peschiéra, d'envelopper cette place, et de couper aux ennemis les gorges du Tirol. Le général Beaulieu et les débris de son armée, se fussent ainsi trouvés sans retraite.

Le 13 prairial, prise de la forteresse de Peschiéra. Pour empêcher les ennemis de s'appercevoir du mouvement du général Augereau, ils furent fortement canonnés du village de Valleggio; mais, instruits par leurs patrouilles de cavalerie, du mouvement du général Augereau, les ennemis se mirent aussitôt en route pour gagner le chemin de Castel-Nuova. Un renfort de cavalerie qui leur arriva, les mit à même de protéger leur retraite. La cavalerie française fit des prodiges de valeur ; le général Murat, qui la commandait, dégagea lui-même plusieurs chasseurs que l'ennemi était sur le point de faire prisonniers. Le général Augereau, arrivé à Peschiéra, ayant trouvé la place évacuée par l'ennemi, y trouva quatre-vingts pièces de canon et fit cent prisonniers.

Les Français s'étaient portés, le 12 prairial, à la pointe du jour, à Rivoli; mais l'ennemi avait déjà passé l'Adige, enlevé presque tous ses ponts, et les Français ne purent en prendre qu'une partie. La perte de l'ennemi fut évaluée à quinze cents hommes, tant tués, blessés que prisonniers, cinq cents chevaux, quatre canons et huit caissons. Il se trouva parmi les prisonniers le prince Conflo, lieutenant-général des armées du roi de Naples, commandant en chef la cavalerie napolitaine. On trouva à Castel-Nuova des magasins, dont une partie était déjà consumée par les flammes. Le général de division Kilmaine eut un cheval tué sous lui.

Excepté Mantoue, les Autrichiens étaient entièrement chassés de l'Italie; les Français avaient leurs avant-postes sur les montagnes de l'Allemagne.

L'infanterie française s'était parfaitement accoutumée avec la cavalerie allemande, dont elle se moquait. Rien n'égalait son intrépidité, si ce n'était la gaieté avec laquelle elle faisait les marches les plus forcées. Familiarisée avec les dangers et la mort, elle osait les regarder en face et sans trouble. Arrivée au bivouac, au lieu de prendre du repos, chaque soldat faisait son plan de l'opération du lendemain, et souvent il s'en rencontrait qui voyaient très juste.

Le général Buonaparte voyant un jour défiler une demi-brigade, un chasseur s'approcha de lui : Général, lui dit-il, il faut faire cela. Malheureux, lui dit le général, veux-tu bien te taire ; il disparut à l'instant. On le chercha en vain, suivant l'ordre de Buonaparte : c'était précisément ce qu'il avait ordonné. Un trait semblable arriva de la part d'un soldat français, sous le grand Turenne, qui fit assembler le corps des officiers, et leur dit : Vous ne dédaignerez pas d'admettre dans votre corps un soldat qui a pénétré le plan de son général; et le militaire fut fait sur-le-champ officier.

Le général Massena entra le 15 prairial dans Veronne, ville grande et belle, qui avait trois ponts sur l'Adige, qui avait servi de retraite au frère de Louis XVI, et dans laquelle Buonaparte établit son quartier-général.

<small>Le 15 prairial, entrée des Français dans Véronne.</small>

CHAPITRE III.

Conduite de Venise à l'égard des Français. Proclamation de Buonaparte. Notification du grand-duc de Toscane contre les émigrés. Prise de Crémone. Lettre de Buonoparte au directoire. Prise des faubourgs Saint-George, Chariale et de la tête du pont de Mantoue. Trait de barbarie dans un couvent. Lettre du général Beaulieu à l'empereur. Les Français exigent une contribution de la république de Lucques. Révoltes des fiefs impériaux. Proclamation de Buonaparte aux Tiroliens. Prise de Bologne, de Reggio et du fort Urbain. Le directoire recommande le célèbre Oriani à Buonaparte. Suspension d'armes avec le pape. Prise de la forteresse de Milan. Entrée des Français dans Livourne. Prise de l'isle d'Elbe par les Anglais. Révolte de Lugo.

LA république de Venise, quoiqu'elle eût tout à appréhender de l'Autriche son ennemie naturelle, s'écartait de tous les principes qui pouvaient maintenir son Gouvernement. Indécise sur le parti qu'elle avait à prendre, elle s'était imaginée qu'une neutralité feinte envers la France la préserverait de tous les dangers; elle avait cru que les succès des Français dans ses Etats serait un moyen de la délivrer de ses ennemis. Sentant sa faiblesse, elle s'écarta de cet esprit de sagesse et de cette politique qui lui avaient été autrefois si avantageuses. Les Français étaient soufferts dans Venise; mais leurs partisans y étaient persécutés. Les Français éprouvaient à Venise des lenteurs ou une partialité défavorable dans toutes les affaires qu'ils y avaient, et leurs agens n'y étaient rien moins que considérés. Le Gouvernement de Venise avait favorisé en tout les Autrichiens; il leur avait laissé prendre la forteresse de Peschiéra, et il leur avait donné sans difficultés, mais secrètement, tous les secours dont ils avaient eu besoin, ou les leur avait laissés prendre.

La victoire de Borghetto ayant mis la forteresse de Peschiéra au pouvoir des

Français, le général Buonaparte, quoique n'ignorant pas le système de dissimulation que suivait le sénat de Venise, adressa, le 10 prairial, en entrant sur le territoire des Vénitiens, la proclamation suivante au Gouvernement et à ses sujets :

« C'est pour délivrer la plus belle contrée de l'Europe du joug de fer de l'orgueilleuse maison d'Autriche que l'armée française a bravé les obstacles les plus difficiles à surmonter. La victoire d'accord avec la justice a couronné ses efforts ; les débris de l'armée ennemie se sont retirés au-delà du Mincio. L'armée française passe pour les poursuivre sur le territoire de la république de Venise ; mais elle n'oubliera pas qu'une longue amitié unit les deux républiques.

La religion, le Gouvernement, les usages, les propriétés seront respectés ; que les peuples soient sans inquiétudes, la plus sévère discipline sera maintenue. Tout ce qui sera fourni à l'armée sera exactement payé en argent. Le général en chef engage les officiers de la république de Venise, les magistrats et les prêtres à faire connaître ses sentimens au peuple, afin que la confiance cimente l'amitié qui depuis long-tems unit les deux nations.

Fidèle dans le chemin de l'honneur, comme dans celui de la victoire, le soldat français n'est terrible que pour les ennemis de sa liberté et de son Gouvernement. »

Ce manifeste fut publié dans les états de Venise pour faire connaître à tous les Venitiens les vraies intentions des Français et les prémunir contre l'intrigue et la malveillance.

Le grand-duc de Toscane, qui s'attendait depuis long-tems que les Français mettraient garnison dans la ville de Livourne, pour enlever aux Anglais le port qui servait de refuge à leur flotte, avait fait publier une notification qui portait que, voulant prévenir les troubles si souvent excités dans le port de cette ville, et maintenir le plus possible la sûreté qui, dans un port neutre, est due à toutes les nations; et qu'en enjoignant aux émigrés français de sortir de Livourne, il ne faisait en cela que suivre l'exemple d'autres puissances neutres qui avaient donné les mêmes ordres dans leurs ports; il était permis de rester en Toscane à ceux des émigrés à qui cette permission avait été accordée par la notification du 6 février 1794, et qui n'avaient donné aucun sujet de plaintes; mais qu'ils passeraient, dans l'intervalle de trois jours, dans d'autres parties du grand duché, et que les autres sortiraient du territoire dans le même délai. Il fut enjoint à tous ceux qui avaient loué des lieux d'habitation à quelques sujets de la nation française, de venir faire au tribunal la déclaration des noms et surnoms de leurs locataires, afin que le Gouvernement pût savoir lesquels d'entre eux étaient émigrés, ou non. Cette notification, rendue comme mesure de sûreté, devint, par les évènemens qui suivirent, favorables aux émigrés eux-mêmes.

Un détachement de cavalerie de l'armée française s'approcha de Crémone pour en prendre possession. Après avoir culbuté les hullans qui s'y opposaient, le corps municipal alla au-devant du détachement, et remettant les clefs au général Beaumont

mont qui le commandait, il lui adressa un discours relatif à la circonstance. Le général français y répondit en déclarant : « Que la république française ne faisait pas la guerre aux peuples, mais aux Gouvernemens tyranniques, et en assurant que les propriétés et la vie des citoyens seraient protégées, et que la moindre violation commise à cet égard par les soldats serait à l'instant et sévèrement punie ». L'évêque de Crémone s'étant présenté au général, il en reçut l'assurance qu'on ne porterait aucune atteinte à la liberté du culte. Le lendemain, le général publia l'ordre suivant : « Le Gouvernement français ordonne le respect des personnes et des propriétés ; tout soldat français qui y portera atteinte, par quelque voie de fait, sera puni de mort. Les habitans des pays conquis doivent se reposer sur la foi de la nation française, qui les protégera en tout tems. Nous ferons la guerre aux tyrans, et nous voulons la paix avec les peuples.

Habitans de la campagne, ne craignez rien ; et vous, soldats, pensez que l'honneur et l'amour de la patrie doivent toujours être vos guides. »

Le public fut averti par la congrégation municipale de la ville, de concert avec le commandant français, de ne rien vendre aux militaires français qu'en argent comptant, et de refuser le papier-monnaie. Le corps municipal ordonna aussi, sur la réquisition du commandant français, que tous les habitans de la ville eussent à déposer toutes leurs armes, en vingt-quatre heures, dans un lieu désigné, en y apposant préalablement leurs noms, afin qu'on pût les reconnaître lorsqu'elles seraient restituées. On ordonna aussi aux habitans de faire, dans vingt-quatre heures, la déclaration de tous les effets appartenans aux Autrichiens. Il fut même convenu que le prétoire de la ville et les prétoires de la province continueraient leurs fonctions, et que l'ordre de l'administration judiciaire ne serait pas changé.

Le général de brigade Dallemagne publia un ordre portant que tous les habitans des communes de la province de Crémône étaient autorisés à arrêter tous les soldats français qui se permettraient quelque acte de violence envers les personnes et les propriétés, et à les conduire au quartier-général, ou à Crémône, où on devait leur rendre justice. Il fut impossible de montrer plus de respect pour les personnes et les propriétés, et de mettre plus de soin à prévenir tout sujet de plaintes ou d'inquiétude de la part des habitans de la ville et des campagnes de Crémône.

Arrivé à Vérone, le 15 prairial, le général Buonaparte écrivit au directoire la lettre suivante : « J'arrive dans cette ville, citoyens directeurs, pour en partir demain matin ; elle est très-grande et très-belle ; j'y laisse une bonne garnison pour me tenir maître des trois ponts qui sont ici sur l'Adige. Je n'ai pas caché aux habitans que, si le prétendu roi de France n'eût évacué leur ville avant mon passage du Pô, j'aurais mis le feu à une ville assez audacieuse pour se croire la capitale de l'Empire français.

Je viens de voir l'amphithéâtre ; ce reste du peuple romain est digne de lui. Je n'ai pu m'empêcher de me trouver humilié de la mesquinerie de notre Champ-de-Mars : ici cent mille spectateurs sont assis et entendraient facilement l'orateur qui leur parlerait.

Les émigrés fuient de l'Italie ; plus de quinze cents sont partis cinq jours avant notre arrivée ; ils courent en Allemagne porter leurs remords et leur misère. »

Le 16 prairial, prise des faubourgs St.-George, Cheriale et de la tête du pont de Mantoue. Après le combat de Borghetto, le passage du Mincio et la fuite de l'ennemi dans le Tirol, les Français investirent la ville de Mantoue. Le général Dallemagne, avec le chef de brigade Lasne, se portèrent, le 16 prairial an 4, à cinq heures du matin, à la tête de six cents grenadiers, sur le faubourg de Saint-George. Le général en chef Buonaparte se rendit à la Favorite, superbe palais du duc de Mantoue, à une demi-lieue de la forteresse. Il fit avancer une demi-brigade, avec le général Serrurier pour soutenir le général Dallemagne, qui, ayant apperçu l'ennemi dans les retranchemens de Saint-George, l'attaqua et se rendit maître du faubourg et de la tête du pont. Malgré la mitraille de la place, les grenadiers s'avancèrent en tirailleurs sur la chaussée; ils voulurent même se former en colonne, pour enlever Mantoue; et, quand on leur montra les batteries que les ennemis avaient sur les remparts, à Lody, disaient-ils, il y en avait bien davantage; mais les circonstances n'étant plus les mêmes, on les fit retirer. Pour une affaire d'avant-poste, la journée fut avantageuse et intéressante. L'ennemi perdit cent hommes tant tués que prisonniers.

Le même jour, le général Augereau, parti à la pointe du jour de Castiglione-Mantovano, après avoir passé le Mincio au-delà du lac, se porta sur le faubourg Cheriale. Il enleva les retranchemens, la tour, et obligea les ennemis à se retirer dans le corps de la place de Mantoue. Un tambour de douze ans, grimpa, pendant le feu, au haut de la tour pour en ouvrir la porte.

On ne doit pas passer sous silence un trait qui peint la barbarie qui régnait dans les couvens de ces contrées, comme dans ceux des autres pays. Lorsque le faubourg Saint-

George fut au pouvoir des Français, des soldats entrèrent dans un couvent de religieuses qui s'étaient sauvées, parce que leur maison était exposée aux coups de canons. A peine entrés, les soldats entendirent des cris. Ils accoururent dans une basse-cour, enfoncèrent une méchante cellule et trouvèrent une jeune personne assise sur une mauvaise chaise, les mains garottées par des chaînes de fer; sa phisionomie annonçait vingt-deux ans. Elle était depuis quatre ans dans cette triste situation pour avoir voulu s'échapper et obéir à l'impulsion de la nature et à celle de son cœur, à l'âge et dans le pays de l'Amour. Les grenadiers en prirent un soin particulier; et elle montra beaucoup d'intérêt pour les Français. Elle avait été belle, et joignait à la vivacité du climat, la mélancolie de ses malheurs qui la rendaient intéressante. Toutes les fois qu'il entrait quelqu'un, elle parassait inquiète. On apprit bientôt qu'elle craignait le retour de celles qui avaient violé en elle le plus sacré des droits. Elle demanda en grace à respirer l'air pur; comme on lui observa que la mitraille pleuvait autour de la maison, *ah!* dit-elle, *mourir c'est rester ici.*

Quand la révolution française n'aurait servi qu'à éclairer sur tous les abus qui se commettaient dans ces tombeaux vivans de l'espèce humaine, à empêcher des pères et mères barbares d'imposer silence aux cris de leur cœur et d'étouffer la voix de la conscience, pour obéir à celle de l'ambition qui leur faisait sacrifier le bonheur, la postérité et la vie d'une partie de leurs enfans pour assurer la fortune des aînés; quand elle n'aurait servi qu'à couper, dès leurs racines, un grand nombre de préjugés contraires à la nature, à la raison et à la justice, que l'imposture et la mauvaise-foi avaient fait naître, et que l'ignorance avait fait admettre; quand elle n'aurait servi qu'à démontrer aux grands que la distance qui les sépare des petits est plus rapprochée qu'ils ne croyaient, et qu'ils n'ont qu'une force empruntée dont il serait imprudent pour eux d'abuser; sous ces rapprots, l'humanité qui a été si souvent outragée, dont les droits ont été si souvent violés ou mis en oubli, a des obligations à la révolution française.

Tandis que les Français formaient le blocus de Mantoue, le général Beaulieu écrivait au conseil de l'empereur : « Je vous avais demandé un général, et vous m'avez envoyé Argenteau. Je sais qu'il est grand seigneur, et qu'en récompense des arrêts que je lui ai donnés, on va le faire feld-maréchal de l'Empire. Je vous préviens que je n'ai plus que vingt mille hommes et que les Français en ont soixante mille; que je fuirai demain, après demain et tous les jours, jusqu'en Sibérie, s'ils m'y poursuivent ; mon âge me donne le droit de tout dire : en un mot, dépêchez-vous de faire la paix à quelques conditions que ce soit ».

L'impératrice de Russie avait garanti la Gallicie à la maison d'Autriche ; l'empereur crut pouvoir avec sécurité faire sortir de ce royaume l'armée qu'il y entretenait. Le général Harnoncourt qui la commandait, reçut en conséquence l'ordre de la faire partir le plus promptement possible au secours de Beaulieu.

L'avant-garde de l'armée française s'étant présentée, le 14 prairial, devant la ville de Trente, le prince évêque, ainsi que les principaux habitans prirent la fuite. La même frayeur s'empara des habitans des villes de Botzen et de Brixen qui se réfugièrent dans l'évêché de Salsbourg.

Le commerce de Trieste devenu très-florissant au dépens de celui de Venise, fut détruit en un instant par le bruit répandu que les Français avaient dessein de faire un débarquement sur les côtes de la mer Adriatique. Les principaux commerçans de cette ville, ayant emballé leurs effets les plus précieux, se préparaient à se retirer à Vienne.

Les Français exigèrent une contribution de la république de Lucques qui s'y attendait. Ils lui demandèrent une somme égale à ce qu'elle avait fourni à l'empereur depuis le commencement de la guerre; ils lui déclarèrent en même tems qu'en cas de refus, elle payerait de plus les frais de l'expédition que ce refus nécessiterait. Les Lucquois ne purent faire autrement que de se soumettre.

Pendant que l'on signait la conclusion de l'armistice avec le roi de Naples, le dix-sept prairial, une colonne de troupes française, dirigée sur le lac de Como, enlevait le même jour le fort de Fuentes qui fut détruit.

Il arrivait également des troupes françaises dans la rivière de Gênes. Il y avait deux bataillons à Oneille et deux à Savonne, qui devaient continuer leur route pour la Lombardie. La garnison de Vado fut renforcée, et il y avait une nombreuse artillerie, afin de repousser les Anglais, si, comme ils en avaient le projet, ils tentaient d'enlever les bâtimens qui étaient dans le port. Les Français devaient prendre possession d'Alexandrie avant le le 27 prairial. Le général Buonaparte, comme on s'y attendait, avait donné la préférence à cette ville qui est une des clefs de la Lombardie, sur Valence qui n'offrait d'autre avantage que celui de protéger le passage du Pô.

Les fiefs impériaux s'étant révoltés se portèrent à tous les excès. Le chef de brigade Lasne y marcha à la tête de douze cents hommes. Ayant brûlé les maisons des rebelles, il fit prisonniers les principaux qui furent fusillés, afin que cette punition militaire en imposât à ceux qui seraient tentés d'imiter leur exemple, et maintînt tout le monde dans le devoir. La même sévérité fut employée avec la même promptitude dans les environs de Tortone. Quinze chefs furent arrêtés, et furent fusillés après avoir été jugés par une commission militaire.

Pour empêcher ces révoltes, le général Buonaparte fit publier, le 26 prairial, du quartie-général de Tortone, l'ordre suivant : « Les habitans des fiefs impériaux, à l'instigation de plusieurs de leurs seigneurs et des agens de l'empereur à Gênes, ont violé le serment d'obéissance qu'ils avaient prêté à la république française; ils ont assassiné plusieurs détachemens français, et ont assiégé dans Arquata les troupes qui y étaient : il n'est point de crimes dont ils ne se soient rendus coupables ; il n'est point d'horreurs qu'ils n'aient commises. Les insensés comptaient sur l'impunité, ils croyaient l'armée éloignée; ils ne savaient pas que les phalanges de l'armée d'Italie sont par-tout où il y a des ennemis de la république à punir. Ils ne savent pas encore, leurs instigateurs, qu'il n'est point de refuge qui puisse les soustraire au courroux du peuple français : qu'ils apprennent, par le spectacle terrible d'Arquata, le sort qui les attend, s'ils ne changent de conduite, et ne profitent de la porte que la clémence nationale laisse encore ouverte au repentir. En conséquence, le général en chef ordonne :

Art. I. Toutes les communes des fiefs impériaux en Italie enverront sur-le-champ trois députés au quartier-général à Tortone, avec les procès-verbaux de la prestation de serment d'obéissance qu'elles font à la république française, et les armes qui existent dans leurs communes.

II. Toutes les communes enverront

deux ôtages pour être garans de leur fidélité.

III. Tous les seigneurs, possédant fiefs impériaux, seront tenus de se rendre en personne à Tortone, pour prêter le serment d'obéissance à la république; et si, cinq jours après la publication du présent ordre, ils ne l'ont pas fait, leurs biens seront confisqués.

IV. Vingt-quatre heures après la publication du présent ordre, les communes porteront, à l'agent militaire à Tortone, le montant de la contribution militaire qui sera augmentée d'un dixième par journée de retard qu'elles mettront dans le paiement.

V. Ceux qui, quarante-huit heures après la publication du présent ordre, seront trouvés avec des armes ou munitions seront fusillés.

VI. Toutes les cloches qui ont servi à sonner le tocsin seront descendues du clocher et brisées vingt-quatre heures après le reçu du présent ordre ; ceux qui ne l'auront pas fait seront réputés rebelles, et il sera mis le feu à leur village.

Les municipalités et les curés sont responsables de l'exécution du présent article.

La politique et le fanatisme s'étaient réunis pour susciter au général Buonaparte des embarras sur les derrières de son armée, afin de retarder sa marche vers le Tirol dont il voulait faire la conquête. Ce général avait besoin, pour entreprendre cette expédition militaire, que le calme et la tranquillité régnassent dans tous les pays qu'il avait soumis.

Avant d'entrer dans le Tirol, Buonaparte adressa la proclamation suivante aux habitans de ces contrées :

« Je vais passer sur votre territoire, braves Tiroliens, pour obliger la Cour de Vienne à une paix nécessaire à l'Europe, comme à ses sujets ; c'est votre propre cause que je vais défendre. Depuis assez long-tems vous êtes vexés et fatigués des horreurs d'une guerre entreprise non pour l'intérêt du peuple allemand, mais pour les passions d'une seule famille.

» L'armée française respecte et aime tous les peuples, plus particulièrement les habitans simples et vertueux des montagnes. Votre religion, vos usages seront par-tout respectés. Nos troupes maintiendront une discipline sévère, et rien ne sera pris dans le pays sans qu'il soit payé en numéraire.

» Vous nous recevrez avec hospitalité, et nous vous traiterons avec fraternité et amitié; mais s'il en était qui connussent assez peu leurs véritables intérêts pour prendre les armes et nous traiter en ennemis, nous serons terribles comme le feu du ciel; nous brûlerons les maisons, et dévasterons les territoires des villages qui prendront part à une guerre qui leur est étrangère.

» Ne vous laissez pas induire en erreur par les agens de l'Autriche. Garantissez votre patrie, déjà vexée pendant cinq ans de guerre, des malheurs qui l'affligeraient. Sous peu la Cour de Vienne, obligée à la paix, rendra aux peuples ses privilèges qu'elle a usurpés, et à l'Europe la tranquillité qu'elle trouble ».

Pendant que le général Buonaparte prenait ces précautions pour inspirer la confiance aux Tiroliens, le roi de Naples envoyait à Bâle, pour ambassadeur, le marquis de Gallo, qui y arriva le 18 juin ou 30 prairial. Le même jour de son arrivée, à cinq heures de l'après-midi, il se rendit chez l'ambassadeur de France, qui lui fit le lendemain la visite d'usage.

Le premier messidor, prise de Bologne, Reggio et du fort Urbain. Le général Buonaparte, après avoir épuisé tous les moyens de la persuasion pour engager le saint-père à ne pas s'exposer aux dangers d'une guerre qui ne pouvait lui être que désavantageuse, et qui devait ruiner son Etat, n'avait pu réussir auprès de sa sainteté. En conséquence, la division du général Augereau se mit en marche. Après avoir passé le Pô à Borgoforte, le 28 prairial, il arriva à Bologne le 1er. messidor et y trouva quatre cents soldats du pape, qui furent faits prisonnniers. Buonaparte

naparte partit de Tortonne le 29 prairial, arriva le 1er. messidor à Modène, d'où il envoya l'ordre, par l'adjudant-général Vignole, à la garnison du château d'Urbain, d'ouvrir ses portes, de poser les armes et de se rendre prisonnière de guerre. Il continua sa route pour Bologne, où il arriva à minuit. Il fut trouvé dans le fort Urbain cinquante pièces de canon bien approvisionnées, cinq cents fusils de calibre et d'un très-beau modèle, et des munitions de bouche pour nourrir six cents hommes pendant deux mois. Le fort Urbain était dans un bon état de défense ; il avait une enceinte bastionnée, revêtue, entourée de fossés pleins d'eau, avec un chemin couvert nouvellement réparé. Il était commandé par un chevalier de Malthe et trois cents hommes, qui furent faits prisonniers.

On fit prisonnier, à Bologne, le cardinal-légat, avec tous les officiers de l'état-major, et on prit quatre drapeaux. On fit également prisonnier le cardinal-légat de Ferrare, avec le commandant de ce fort, qui était chevalier de Malthe. Il y avait

Tome IV. I

dans le château de Ferrare cent quatorze pièces de canon.

L'artillerie trouvée à Bologne, au fort Urbain et au château de Ferrare, formait un équipage propre à servir à faire le siége de Mantoue. On fit partir les tableaux de Modène, et on s'occupa à choisir ceux de Bologne. On comptait en prendre une cinquantaine, parmi lesquels se trouvait la Sainte-Cécile, qu'on dit être le chef-d'œuvre de Michel-Ange. Les citoyens Monge, Bertholet et Thouin, naturalistes, étaient à Pavie, où ils s'occupaient à faire des recherches pour enrichir le jardin des Plantes et le cabinet d'Histoire naturelle de la France. Il y avait une collection complète de serpens, et ils devaient se rendre à Bologne, où ils avaient une ample récolte à faire.

Le directoire exécutif de la France, aussi attentif à faire fleurir les sciences, à pourvoir à leur propagation et à distinguer les savans, qu'à prendre les moyens d'abattre les ennemis de la république française, avait recommandé le célèbre Oriani, astronome, au général Buonaparte, qui lui écrivit ainsi, de Milan : « Les sciences, qui honorent l'esprit humain ; les arts, qui embellissent la vie et transmettent les grandes actions à la postérité, doivent être spécialement honorés dans les Gouvernemens libres. Tous les hommes de génie, tous ceux qui ont obtenu un rang dans la république des lettres, sont français, quel que soit le pays qui les ait vu naître.

» Les savans, dans Milan, n'y jouissaient pas de la considération qu'ils devaient avoir. Retirés dans le fond de leur laboratoire, ils s'estimaient heureux que les rois et les prêtres voulussent bien ne leur pas faire du mal. Il n'en est pas ainsi aujourd'hui, la pensée est devenue libre en Italie ; il n'y a plus ni inquisition, ni intolérance, ni despotes. J'invite les savans à se réunir et à me proposer leurs vues sur les moyens qu'il y aurait à prendre, ou les besoins qu'ils auraient, pour donner aux sciences et aux beaux-arts une nouvelle vie et une nouvelle existence. Tous ceux qui voudront aller en France seront accueillis avec distinction par le Gouvernement. Le peuple français ajoute plus de prix à l'acquisition d'un savant mathématicien, d'un peintre de réputation, d'un homme distingué, quel que soit l'état qu'il professe, que de la ville la plus riche et la plus abondante. Soyez donc, citoyen, l'organe de ces sentimens auprès des savans distingués qui se trouvent dans le Milanais ».

La première fois que le célèbre Oriani vit Buonaparte à Milan, il se trouva interdit et ne put répondre aux questions qui lui furent faites. Revenu enfin de son étonnement : Pardonnez, lui dit-il ; mais c'est la première fois que j'entre dans ces superbes appartemens, mes yeux ne sont pas accoutumés..... Il ne se doutait pas qu'il faisait, par ce peu de paroles, une critique amère du Gouvernement de l'archiduc. Le général en chef s'empressa de lui faire payer ses appointemens, et de lui donner tous les encouragemens nécessaires.

Buonaparte ne borna pas à cette seule lettre ses soins et son attention pour faire reprendre vigueur au cours des belles-lettres, que la guerre avait fait interrompre dans ces contrées ; il en écrivit ainsi aux municipalités de Pavie et de Milan :

« Je desire, messieurs, que l'université de Pavie, célèbre à bien des titres, reprenne le cours de ses études; faites donc connaître aux savans professeurs et aux nombreux écoliers de cette université, que je les invite à se rendre de suite à Pavie, et à me proposer les mesures qu'ils croiront utiles pour activer et redonner une existence plus brillante à la célèbre université de Pavie ».

Après la prise de Bologne, une division française s'était portée sur Ferrare et Faenza, dont la conquête devait produire celle de la Romagne. Tous ces pays allaient être sous la domination de la république française, et la politique du Gouvernement ecclésiastique, qui ne tirait sa force que du voile de la superstition, perdait tout son effet devant la franchise et la force des armes des Français.

Pour forcer Rome à la paix, quoiqu'elle eût répandu la discorde et la guerre, une colonne de l'armée française se portait à Reggio, à travers des Apennins, sur Pistoie, paraissant se rendre à Rome par Florence. Son arrivée fut prévenue; les succès des Français engagèrent enfin le pape à conclure un armistice, le 5 messidor. On ne négligea pas les circonstances de frayeur qui pouvaient rendre avantageuse cette suspension, qui portait:

Art. Ier. Voulant donner une preuve de la déférence que le Gouvernement français a pour sa majesté le roi d'Espagne, le général en chef et les commissaires sousdits accordent une suspension d'armes à sa sainteté, à compter d'aujourd'hui, jusqu'à cinq jours après la fin des négociations qui vont être entamées à Paris pour la conclusion de la paix définitive entre les deux Etats.

II. Le pape enverra, le plus tôt possible, un plénipotentiaire à Paris, pour obtenir du directoire exécutif la paix définitive, en offrant les réparations nécessaires pour les outrages et les pertes que les Français ont essuyés dans ses Etats, et notamment le meurtre de Basseville et les dédommagemens dus à sa famille.

III. Tous les individus détenus dans les Etats du pape, à cause de leurs opinions politiques, seront mis sur-le-champ en liberté et leurs biens restitués.

IV. Les ports des Etats du pape seront fermés aux habitans des puissances en guerre avec la république, et ouverts aux bâtimens français.

V. L'armée française continuera de rester en possession des légations de Bologne et de Ferrare, et évacuera celle de Faenza.

VI. La citadelle d'Ancône sera remise, dans six jours, entre les mains de l'armée française, avec son artillerie, ses approvisionnemens et ses vivres.

VII. La ville d'Ancône continuera à rester sous le Gouvernement civil du pape.

VIII. Le pape livrera à la république française, cent tableaux, bustes, vases ou statues, au choix des commissaires qui seront envoyés à Rome; parmi lesquels objets seront notamment compris le buste de bronze de Junius Brutus, et celui en marbre de Marcus Brutus, tous les deux placés au Capitole, et cinq cents manuscrits, au choix des mêmes commissaires.

IX. Le pape paiera à la république française vingt-un millions de livres, monnaie de France, dont quinze millions cinq cents mille livres en espèces ou lingots d'argent, et les cinq millions cinq cents mille livres restans, en denrées, marchandises, chevaux, bœufs, d'après la désignation qu'en feront les agens de la république française.

Les quinze millions cinq cents mille livres seront payés en trois termes; savoir: cinq dans quinze jours, cinq dans un mois, et les cinq millions cinq cents mille livres dans trois mois. Les cinq millions cinq cents mille livres en denrées, marchandises, chevaux, bœufs, seront, à fur et à mesure des demandes qui seront faites, livrées dans les ports de Gênes, de Livourne et autres endroits occupés par l'armée, qui seront désignés.

La somme de vingt-un millions, portée dans le présent article, est indépendante des contributions qui sont ou seront levées dans les légations de Bologne, de Ferrare et de Faenza.

X. Le pape sera tenu de donner le passage aux troupes de la république française, toutes les fois qu'il lui sera demandé. Les vivres qui leur seront fournis seront payés de gré à gré.

Pendant que le prince Pignatelli Belmonte se rendait à Paris, pour solliciter la paix, au nom du roi de Naples, des ministres du pape prenaient la même route, pour le même objet; mais les intentions étaient différentes. Le directoire avait exigé qu'on ne lui envoyât pas des ecclésiastiques pour négociateurs, et il y eut infraction dans cet article. L'abbé qu'on supposa être le comte Petracchi n'eut du succès dans la négociation que pour se faire renvoyer, et Vangelisti, qui l'accompagnait, vit la ruse ultramontaine tomber à faux devant la loyauté du directoire français.

La citadelle d'Ancône donnait la supériorité sur le golfe Adriatique. Les Français avaient pris dans les forts de Ferrare, de Bologne et de Urbain à-peu-près deux cents pièces de canon de bronze, sept à huit mille fusils et une certaine quantité de munitions de guerre et de bouche. La légation de Bologne était une des parties la plus riche des Etats du pape; mais cette ville n'aimait pas la domination papale. Bologne et Ferrare demeurèrent au pouvoir de l'armée française, qui allait être mise en possession de la citadelle d'Ancône.

Aussitôt que l'armée française eut commencé à former le siége de Mantoue, deux trompettes furent expédiés au commandant de la place pour le sommer de la rendre. La garnison ne passait pas huit mille hommes, et les vivres et les munitions étaient insuffisans pour une longue défense. Cette ville fut battue par un feu continuel ; elle était environnée par une force imposante, et lors de la prise de ses faubourgs, les Français y auraient pénétré, si on ne se fût pas empressé de baisser promptement le pont.

Il arrivait, par la voie du Piémont et de Plaisance, beaucoup de troupes françaises avec une immense quantité de munitions destinées à seconder une nouvelle entreprise du côté du Tirol, et à former les garnisons qu'il était nécessaire d'établir dans les pays conquis.

Il y avait beaucoup de troupes françaises sur le territoire de la république de Venise. On comptait au moins quinze mille hommes à Véronne et dix mille à Brescia. Le sénateur Foscarini fut envoyé en qualité de provéditeur-général pour maintenir l'ordre dans les villes de Terre-ferme. Les Français employaient tout l'art militaire à fortifier les postes importans de Peschiéra et de Salo, quoiqu'ils fissent partie du territoire de Venise.

Si Mantoue attirait l'attention de Buonaparte, il ne perdait pas de vue la citadelle de Milan. Quant au nouveau commissaire français envoyé dans la Lombardie, son premier soin fut de se faire rendre compte des opérations de la municipalité de cette ville, des talens et de la moralité des individus qui la composaient. Il résulta de cet examen que plusieurs officiers municipaux furent destitués et plusieurs actes et règlemens annullés. On avait aboli les titres, les distinctions de noblesse, les droits féodaux ; une proclamation publiée au nom du Gouvernement français, qui ne pouvait prévoir quel serait l'issue des évènemens, déclara arbitraires ces règlemens.

<small>Le 11 messidor, prise de la forteresse de Milan.</small>

Aussitôt après la défaite de l'armée impériale sur le Mincio, on fit avancer l'artillerie de siége, et du 29 au 30 prairial, on ouvrit la tranchée devant le château de Milan. Le 9 messidor, toutes les batteries se démasquèrent à la fois, et pendant quarante-huit heures elles obtinrent une telle supériorité de feu que le gouverneur battit la chamade, et capitula le 11, à trois heures du matin. Le commandant du château de Milan, Lami, écrivit ainsi au général de division, Despinoy commandant la Lombardie : « Si vous voulez suspendre les hostilités, je capitulerai avec vous dans cette matinée. »

Le général français fit cette réponse : « Je ne puis accéder à une suspension d'hostilités, au terme où nous en sommes, qu'en vertu de la capitulation suivante que je vous propose, et sur laquelle vous aurez à délibérer à l'heure même.

Le château de Milan sera remis aux troupes de la république française avec son artillerie, ses munitions de guerre et de bouche, ses magasins de toute espèce, les caisses et effets militaires, à cinq heures précises du matin. Aussitôt la présente capitulation signée, quatre compagnies de grenadiers français prendront possession de la porte de Milan et des bastions Velasco, don Pietro et Danigno.

Il sera établi des gardes françaises à tous les magasins et nommé des commissaires respectifs pour procéder contradictoirement à leur vérification. La garnison du château sortira à l'instant même par la porte de Milan, et défilera le long des glacis de Verulians, devant les troupes françaises, avec les honneurs de la guerre, armes et bagages seulement.

Parvenue au pont de Naviglio, elle mettra bas les armes et se constituera prisonnière de guerre. Les émigrés et les déserteurs seront livrés au général français.

Les malades et les blessés seront traités avec tous les soins dus à l'humanité et les procédés généreux qui ont toujours distingué la nation française.

Il sera fourni à la garnison les moyens de transports nécessaires pour conduire ses équipages au lieu de destination qui lui sera marqué. S'il s'élève quelques discussions ou différends dans l'exécution des articles ci-dessus, ils seront jugés à l'avantage des troupes françaises.

On fit partir à l'heure même la garnison autrichienne pour Lody, afin d'y attendre les ordres du général français. On trouva dans le château de Milan cent cinquante bouches à feu, deux cents milliers de poudre, cinq mille fusils, et la garnison faite prisonnière était de deux mille huit cents hommes. Le château fut obligé de capituler, parce que le courage et la patience des Français l'emportèrent sur la résistance quoique opiniâtre de la garnison.

Le pavillon de la république française constamment insulté dans le port de Livourne par les Anglais, les propriétés des négocians français étaient continuellement exposées à y être violées. Chaque jour y était marqué par des faits aussi contraires aux intérêts de la république française qu'au droit des gens. Le directoire exécutif ayant plusieurs fois porté ses plaintes au ministre du grand-duc à Paris, d'une pareille violation, et ce ministre ayant été obligé d'avouer l'impossibilité où se trouvait le grand-duc de réprimer les Anglais et de maintenir la neutralité du port de Livourne, le directoire exécutif sentit dèslors qu'il était de son devoir de repousser la force par la force, de faire respecter son commerce, et donna l'ordre de faire marcher une division de l'armée française pour prendre possession de Livourne.

D'après ces ordres du directoire, Buonaparte prévint, le 8 messidor, du quartier-général de Pistoie, le grand-duc que, le 10 du même mois, une division de l'armée entrerait à Livourne et se conduirait dans cette ville d'après les principes de neutralité qu'elle saurait maintenir, et il assura ce prince que son pavillon, sa garnison, ses propriétés et celles de ses peuples seraient scrupuleusement respectés. Il confirma en outre au grand-duc le desir qu'avait le Gouvernement français de voir continuer l'amitié qui unissait les deux Etats, étant convaincu que son altesse royale, témoin chaque jour des excès auxquels se portaient les vaisseaux anglais, sans pouvoir y porter remède, applaudirait aux mesures justes, utiles et nécessaires que prenait le directoire exécutif.

Le 11 messidor, entrée des Français dans Livourne.

La division du général Vaubois arriva, le 8 messidor, à Pistoie. Le lendemain le général Murat, à la tête de l'avant-garde, suivi du général Vaubois, avec la soixante-quinzième demi-brigade, passa l'Arno à Fusechio; et, le 10, il changea brusquement de route et marcha à grands pas sur Livourne. Le reste de la division était resté à Pistoie. Le général Buonaparte se mit en marche

marche pour rejoindre la colonne qui était déjà aux portes de Livourne. Une frégate anglaise en venait de sortir, elle fut canonnée : mais il n'était plus tems. Quelques heures avant l'arrivée des Français, plus de quarante bâtimens anglais chargés étaient sortis de Livourne.

Une heure avant l'entrée des Français dans Livourne, une frégate anglaise avait enlevé deux bâtimens français, valant cinq cents mille livres. Le gouverneur les avait laissé enlever sous le feu de ses batteries, ce qui était contraire à la neutralité du port de Livourne. Ce gouverneur avait, par ses démarches, montré une haine prononcée contre les Français, avait fait essuyer toutes sortes de mauvais traitemens à l'avant-garde, avait cherché au moment de son arrivée à émeuter le peuple contre elle. Quoique autorisé sans doute à le faire juger par une commission militaire, Buonaparte se contenta de porter ses plaintes au grand-duc, et par respect pour son altesse, il préféra de l'envoyer à Florence, étant convaincu qu'il serait donné des ordres pour qu'il fût puni sévèrement.

Le grand-duc de Toscane, voulant être informé d'une manière précise et positive des faits dont le gouverneur de Livourne s'était rendu coupable envers les Français, écrivit ainsi au général Buonaparte :

Général,

« Le général Spannochi, arrêté par votre ordre, a été transporté ici. Il est de ma délicatesse que je le retienne en arrestation jusqu'à ce que les motifs de cette arrestation, que je présume être justes, me soient connus, afin de vous donner, ainsi qu'à la république française et à toute l'Europe, le plus grand témoignage de cette équité conforme aux loix de mon pays, auxquelles je me suis toujours fait un devoir d'être soumis moi-même.

Je charge de cette lettre le marquis Monfredini, mon majordome, à qui je vous prie de dire en quoi le susdit Spannochi s'est rendu coupable. Vous pouvez en outre avoir toute confiance en lui pour tous les objets qui peuvent intéresser le repos de mes sujets.

Je desire vivement recevoir un écrit de votre main qui, dans les circonstances présentes, puisse me tranquilliser complètement et assurer en même tems le repos de toute la Toscane.

Je suis avec une parfaite estime,

signé Ferdinand. »

Le général Buonaparte étant parti le lendemain, 12 messidor, de Livourne, passa avec une partie de son état-major à Florence, où il fut accueilli par le grand-duc, avec lequel il dîna. Lorsqu'on était au dessert, un courier vint apporter à Buonaparte la nouvelle de la prise du château de Milan. L'art de feindre ses sentimens est le grand art des Cours; cette nouvelle fut reçue à la Cour de Florence avec les dehors de l'impassibilité. Dans cette ville on désapprouvait généralement la conduite des Livournais envers les Français.

Lors de la marche des Français sur Livourne, le grand-duc avait été vivement sollicité de s'en aller. Il en eût été fait pour lui de ses Etats, s'il eût suivi ces conseils. Le marquis de Monfredini lui rendit un service important en lui conseillant de rester dans sa capitale et de se reposer sur la loyauté des Français. Le grand-duc avait donné avant une preuve de ses dispositions à maintenir la paix avec toutes les puissances en guerre; car la colonne française partie de Reggio pour marcher contre Rome, devant passer par Florence, le marquis de Monfredini fut envoyé à Bologne pour représenter au général Buonaparte qu'ayant refusé le passage aux Napolitains, il serait injuste de voir les Français violer un territoire que les coalisés avaient respecté ; et après différens pour-parlers il parut satisfait de ce qu'on lui accorda que la division se porterait sur Rome, non par Florence, mais par Sienne.

Pour faire procurer à l'armée française ce qui lui était nécessaire, le grand - duc préposa le général Strasoldo, qui s'acquitta des ordres qu'il avait reçus avec autant d'empressement que de succès.

L'ordre fut donné au consul Belleville de faire les recherches de tous les objets, de toutes les marchandises appartenans aux Anglais, et qu'ils n'avaient pas eu le tems d'enlever. Les scellés furent aussitôt mis sur leurs effets, dont la prise fut estimée dix millions. L'épouvante n'avait été que momentanée à Livourne; la bonne conduite des Français avait parfaitement rassuré les habitans. On y laissa une bonne garnison, et le général Vaubois pour y commander, avec des instructions.

Le consul de la république française, en exécution de l'ordre du général Buonaparte, invita tous les habitans de la ville de Livourne et des environs, de quelques nation et qualité qu'ils fussent, qui pouvaient posséder, à titre de dépôt ou autrement, des effets, marchandises, argent, bijoux, chevaux, meubles, etc. appartenans aux sujets de la Grande-Bretagne, de l'empire de la Russie, ou autres ennemis de la république, à remettre, le 12 messidor, au consul lui-même, un état détaillé, et une déclaration au vrai des effets et sommes d'argent appartenans auxdits ennemis de la France.

Aussitôt les déclarations faites, on devait prendre des mesures pour constater leur exactitude et assurer le séquestre desdits effets. Les déclarations négligées ou incomplètes devaient exposer à des recherches sévères et à des conséquences fâcheuses. L'instruction du général en chef était que toutes les propriétés ennemies fussent remises au pouvoir de la république, comme prises faites en mer, attribuées, pour le contentieux, à la juridiction consulaire. Les négocians, et surtout les Juifs, ayant proposé aux Français de se désister de toutes leurs prétentions, moyennant une somme dont on conviendrait, les Français y consentirent pour six millions, et cet accommodement passa pour avantageux aux deux partis. Les Français observèrent à Livourne la plus exacte discipline, et il n'y eut pas contre eux le moindre sujet de plainte.

On s'attendait que les Anglais bloque- *Le 22 messidor, prise* raient le port de Livourne, et c'est ce *de l'isle d'El-* qu'ils firent. Pour se dédommager de la *be par les* perte de Livourne, ils conçurent le projet *Français.* de s'emparer de l'isle d'Elbe qui est un rocher stérile qui ne renferme que des mines de fer. Ils ne prévoyaient pas qu'en concentrant leurs forces autour de ce rocher, ils dégarnissaient l'isle de Corse, et se mettaient dans le cas de perdre cette isle dont ils desiraient conserver la possession. En conséquence de ce projet, la flotte anglaise, forte de dix-sept bâtimens avec deux mille hommes de troupes, se présenta, le 21 messidor, devant Porto-Ferraïo. Les ordres expédiés au gouverneur de cette place par la secrétairerie de Florence, conformes au système d'impartialité et de neutralité professé par le grand-duc, furent inutiles.

Dans la matinée du 22, un gros détachement de troupes anglaises parut au-delà du petit pont de la place, seule sortie par la voie de terre, à la distance d'un mille. Il s'empara du fort ruiné de Saint-

Jean-Baptiste et du sommet de la colline. Le débarquement s'était opéré la nuit précédente, hors de la portée des batteries, sur la plage d'Acquaviva, limite entre la partie de l'isle dépendante du grand-duc et celle qui dépend du roi de Naples. Les Anglais établirent aussitôt sur la hauteur qui domine la ville une batterie et des mortiers d'un gros calibre. Les portes de la ville étant fermées, deux officiers s'avancèrent tambour battant et présentèrent deux lettres adressées au gouverneur ; l'une de Gilbert Eliot, vice-roi de l'isle de Corse, l'autre du major Duncan, chef de l'expédition. Le gouverneur ayant assemblé tous ses officiers, les chefs des départemens, les consuls et vice-consuls des nations étrangères, le magistrat de la commune, et les chefs des principales familles, l'affaire leur fut exposée, et il fut observé qu'un peuple dépourvu de forces correspondantes à celles qu'on lui opposait, n'ayant point de provisions et pouvant manquer d'eau sous peu de jours, ne pouvait faire aucune résistance. Il fut résolu à l'unanimité de laisser entrer les troupes anglaises, sous des conditions convenues.

Celles que proposa le vice-roi de Corse, Gilbert Eliot, portaient : « Les troupes françaises ayant occupé la ville et place de Livourne, les canons de la forteresse ayant tiré sur les vaisseaux du roi dans la rade, et les propriétés des sujets de sa majesté à Livourne ayant été violées, malgré la neutralité du grand-duc, et malgré les protestations réitérées des Français de la respecter, il y a aussi lieu de croire que les Français ont les mêmes desseins sur la forteresse de Porto-Ferraïo, espérant par ce moyen faciliter les hostilités qu'ils méditent contre le royaume de Corse. Ces motifs nous ont déterminés à prévenir les intentions des ennemis du roi, aussi hostiles envers son altesse royale, qu'à l'égard de sa majesté, en plaçant à Porto-Ferraïo une garnison capable de défendre cette place. Notre unique dessein étant d'empêcher l'occupation de cette forteresse et de toute l'isle d'Elbe par les Français, nous vous invitons et intimons,

Monsieur, de recevoir les troupes de sa majesté qui se présenteront devant la place, avec les conditions suivantes :

» 1°. Porto-Ferraïo et ses dépendances resteront sous le Gouvernement du grand-duc, le pavillon toscan ne cessera pas d'y être arboré, et l'administration ne sera altérée en aucune manière. Les personnes, les propriétés et la religion de tous les habitans seront respectées ; les commandans anglais veilleront à ce que leurs troupes observent une rigoureuse discipline.

2°. Les officiers et soldats composant la garnison toscane, continueront de faire le service, s'ils le jugent à propos. Tous les employés civils et militaires seront conservés dans leurs emplois, en continuant à se bien conduire.

3°. Les précédentes conditions seront observées exactement et avec la plus parfaite bonne-foi, autant que la chose sera compatible avec la sûreté de la place.

4°. Nous promettons, au nom de sa majesté, de la manière la plus solemnelle, de faire retirer les troupes de sa majesté, et de remettre la place entre les mains de son altesse royale, dans l'état où elle se trouve aujourd'hui, à l'époque de la paix, ou aussitôt que tout danger d'invasion de la part des Français aura cessé ».

« Si vous vous refusez, Monsieur, à des propositions aussi conformes aux intérêts de son altesse royale que justes et nécessaires pour notre cause, l'officier chargé de l'expédition a des ordres et des moyens suffisans pour forcer la place ; et dans ce cas, l'occupation ne sera limitée par aucune conditions ; ne doutant pas que votre prudence et votre attachement aux véritables intérêts de son altesse royale ne vous portent à consentir au seul expédient qui puisse lui conserver Porto-Ferraïo, et éloigner de l'isle d'Elbe le plus cruel des fléaux ».

Les articles dont suit la teneur, proposés par le gouverneur et la ville de Porto-Ferraïo, furent acceptés le 10 juillet, ou 22 messidor :

« 1°. Les troupes anglaises seront reçues dans la place, et les conditions réglées par son excellence le vice-roi Eliot, seront pleinement observées, de manière que rien n'altère la loi de neutralité que s'est imposée la Toscane, et qui doit être inviolablement maintenue.

2°. Dans le cas où il paraîtrait, devant cette ville ou ce port, des troupes ou des vaisseaux des nations en guerre, la garnison, ni aucun habitant, ne sera astreint à prendre les armes pour aucun parti.

3°. L'isle d'Elbe, et notamment Porto-Ferraïo, dépourvues de munitions de bouche, MM. les commandans des troupes anglaises auront soin d'y faire transporter toutes sortes de vivres, que les habitans pourront acheter, pour ne pas périr par la famine.

4°. Le peuple de Porto-Ferraïo étant très-nombreux et ayant un petit nombre d'habitations, il ne serait pas possible de loger les militaires anglais dans les maisons particulières ; on se flatte que les commandans prendront cet objet en considération.

5°. Comme l'arrivée des troupes britanniques a été subite et imprévue, les commandans sont priés d'accorder le tems convenable à l'effet de préparer les quartiers et logemens nécessaires ».

Ce fut ainsi que les Anglais, pour réparer les pertes qu'ils avaient faites à Livourne, s'emparèrent de Porto-Ferraïo, pour avoir une retraite et pour empêcher toute entreprise contre Bastia dans l'isle de Corse. Ce fut ainsi que les Anglais, en dégarnissant cette isle des forces qui étaient nécessaires pour contenir les habitans qui ne voyaient pas de bon œil leurs nouveaux maîtres, l'esprit de mécontentement ne tarda pas à faire des progrès rapides et à se répandre par-tout; ce fut ainsi que les mesures que les Anglais prirent pour pourvoir à la conservation de la Corse, servirent à la leur faire perdre plus promptement : aussi Buonaparte qui prévoyait déjà, en fin politique, les évènemens qui devaient arriver dans cette isle, et qu'il voulait amener à une fin heureuse pour la république française, en les préparant et les entretenant par des agens secrets, bien loin de s'opposer à la prise de l'isle d'Elbe par les Anglais, bien loin de les troubler dans cette entreprise, ne voulut pas même employer aucun moyen pour les en chasser, quoiqu'il eût pu le faire.

Le 13 messidor, révolte de Lugo.

Après que les Français se furent rendus maîtres de Bologne et de Ferrare, une insurrection s'était organisée dans la Romagne. Les insurgés établirent leur quartier-général à Lugo, petite ville de la légation de Ferrare, quoiqu'enclavée dans la Romagne. On fit connaître aux habitans dans cette contrée, le 13 messidor, par une proclamation imprimée, les prétextes au moyen desquels on excitait l'insurrection et on cherchait à la répandre. Cette proclamation portait : « Les circonstances dans lesquelles se trouve le peuple Lugais par l'invasion des Français dans l'Etat pontifical, l'enlèvement des subsistances, les insultes faites aux personnes, l'ont porté à prendre les armes pour la défense de ses saints protecteurs, du souverain, de l'Etat et de la patrie, tous doivent concourir au salut commun dans le commun péril. Il espère que tous animés par le zèle pour la religion, l'attachement pour sa sainteté, leur légitime souverain, et l'amour de la patrie, travailleront unanimement au succès d'un si beau dessein, en se rangeant sous les glorieux étendards de l'église ».

Le général Augereau informé de cet évènement, donna trois heures aux Lugais pour poser les armes, les menaçant, en cas de refus, de marcher contre leur ville le fer et la flamme à la main.

Les révoltés méprisèrent cette menace; et, ayant appris qu'on envoyait contr'eux soixante dragons avec huit officiers, ils se mirent en embuscade pour les massacrer. Ce premier acte hostile leur réussit. Au signal convenu, les dragons surpris essuyèrent un feu vif; cinq furent d'abord tués, les autres prirent la fuite. Deux têtes de ces dragons furent portées à Lugo et exposées sur la maison publique.

M. le baron Cadelleti chargé d'affaires d'Espagne, interposa ses bons offices pour sauver cette ville séditieuse. Rendu à Lugo, il exhorta les habitans à la soumission et à la confiance envers l'armée française ; mais il ne put rien obtenir de ces habitans égarés par des conseils perfides. Alors le général Augereau fit marcher un gros corps de troupes d'infanterie et de cavalerie avec du canon. Une nombreuse phalange de rebelles s'avança, et fut attaquée par une colonne de troupes françaises sur deux points; l'un du côté d'Imola, l'autre du côté d'Argenta. La défense fut terrible et opiniâtre. Après un combat de trois heures, le désordre se mit dans les bandes rebelles; une partie fut taillée en pièce, et l'autre échappa par la fuite. Il y eut plus de mille révoltés tués ou blessés, et environ deux cents français. La ville fut cernée et livrée pendant trois heures aux troupes auxquelles on en avait promis le pillage. Tout fut dévasté, tout individu rencontré les armes à la main fut mis à mort ; les femmes, les enfans furent épargnés.

A son retour au quartier-général à Bologne, le général Augereau fit répandre dans toute la province la proclamation suivante :

« Vous venez de voir un exemple terrible. Le sang fume encore à Lugo. Lugo calme, Lugo tranquille aurait été respectée comme vous, elle aurait joui de la paix.

paix. Des mères n'auraient point à pleurer leurs fils, des veuves leurs maris, des orphelins les auteurs de leurs jours. Que cette épouvantable leçon vous instruise et vous apprenne à apprécier l'amitié des Français! C'est un volcan ; quand il s'irrite, il renverse, il dévore tout ce qui s'oppose à son éruption. Au contraire, il protège, il caresse quiconque cherche en lui son appui ; mais il faut acquérir sa confiance par quelque acte qui lui assure qu'elle ne sera pas trahie. Depuis trop long-tems, et trop souvent, on a abusé de sa bonne-foi. Voici ce que sa sûreté exige maintenant de vous, et ce que j'ordonne en conséquence :

Art. I. Toutes les communautés seront désarmées de toutes espèces d'armes à feu, lesquelles seront déposées à Ferrare.

II. Toute personne qui, vingt-quatre heures après la publication de la présente, n'aura pas déposé ses armes à feu, sera fusillée.

III. Toute ville et village où se trouvera un Français assassiné, sera livré sur-le-champ aux flammes.

IV. Si un habitant est convaincu d'avoir tiré un coup de fusil sur un Français, il sera fusillé et sa maison brûlée.

V. Si un village s'arme, il sera brûlé.

VI. Il est défendu de s'attrouper avec ou sans armes. Tout chef de révolte ou d'attroupement sera puni de mort. »

La punition imposée aux habitans de Lugo, suivie de cette proclamation, fut un exemple qui en imposa à tout le monde. Aucune ville et aucun village n'osa plus remuer. Tout rentra dans l'ordre, tout devint parfaitement tranquille.

CHAPITRE IV.

Avant-postes du général Beaulieu enlevés. Enlèvement de la position de Belone. La garnison de Mantoue repoussée dans différentes sorties. Attaque du camp retranché sous Mantoue. Sommation faite au commandant de rendre la place ; sa réponse. Arrêté du directoire de France pour rendre témoignage au mérite et aux intentions de Buonaparte. Témoignage rendu au général Buonaparte par le général Hoche dans une lettre écrite au ministre de la police. Bruits alarmans répandus sur le sort de l'armée d'Italie. Prise du poste de la Corona, de Salo et de Brescia par les Autrichiens. Reprise de Salo par les Français. L'ennemi battu à Lonado. Reprise de Brescia par les Français. Reprise de Salo, de Lonado et de Castiglione par les Français. Prise de Saint-Ozeto. Prise de Gavardo avec dix-huit cents prisonniers. Efforts du général Wurmser pour rassembler les forces qui lui restaient. Trait de Buonaparte qui fait rendre prisonniers quatre mille Autrichiens devant Lonado. Déroute de l'armée de Wurmser à Castiglione et à la Chiesa. Déroute des Autrichiens; leur levée du siége de Peschiera. Reprise de Véronne par les Français. Prise de Montebaldo, etc. Témoignage rendu par Buonaparte à l'ardeur des Milanais. Mesures prises par le commandant français à Livourne, pour écarter les Anglais de la rade du port de cette ville.

———

A près le combat de Borghetto, le général Massena ayant attaqué les avant-postes du général Beaulieu, le 3 messidor, les avait mis en déroute, en leur tuant quarante hommes et leur faisant cinquante prisonniers. Les Autrichiens s'étaient retirés sur les hautes montagnes, pour défendre les issues du Tirol. Ils avaient tiré des lignes, qu'ils fortifiaient avec beaucoup de soin, entre la tête du lac de Garda et l'Adige. Le général Massena ordonna au général Joubert d'attaquer les ennemis par la Bochetta-di-Campion. Le chef de bataillon Marchand se mit en mouvement avec sa troupe, tourna l'ennemi par la droite ; ce qui fut le signal de l'attaque : les armes sur le bras, sans tirer un seul coup, les Français gravirent les rochers escarpés, tuèrent cent hommes, firent deux cents prisonniers, prirent quatre cents tentes et tous les bagages.

Pendant ce tems, le chef de bataillon tournait l'ennemi par la gauche, le 17 messidor, et s'emparait de l'excellente position de Belone. Il tua trois cents hommes et fit soixante-dix prisonniers : ces retranchemens furent enlevés à la bayonnette. Ces retranchemens n'auraient pas été construits en six mois; tout fut culbuté, et un mois de fatigues et de peines fut perdu dans un instant. Ce fut le premier combat qui eut lieu entre les Français et les Autrichiens, depuis qu'ils

Le 17 messidor, enlèvement de la position de Belone.

avaient à leur tête leur nouveau général. On avait intention d'aller attaquer la flotte Autrichienne qui tenait le lac de Garda.

La garnison de Mantoue repoussée dans différentes sorties.

Les Français battaient le 17 les Autrichiens sur les montagnes du Tirol. La garnison de Mantoue fit le 18 une sortie ; elle fut repoussée et obligée de rentrer plus promptement qu'elle n'était sortie. Elle laissa cinquante morts. Depuis le commencement de la campagne, les Français avaient pris à l'ennemi six cents soixante-dix-neuf pièces de canon ; savoir, soixante pièces de campagne, et six cents dix-neuf pièces de siége.

Le siége de Mantoue se continuait avec ardeur ; la garnison opposait une vive résistance et se défendait avec courage. Quinze cents hommes sortirent, le 28 messidor, par la porte Cerise, dans le même tems que trois mille hommes sortaient par la porte de Pradella. Tous les avant-postes Français se retirèrent. L'ennemi s'avança jusqu'à une portée de pistolet des batteries des Français, qu'il espérait enlever. Les généraux Fiorella et Dallemagne placèrent le cinquième bataillon des grenadiers, et saisirent le moment favorable ; ils tombèrent sur l'ennemi, le mirent en désordre, et le conduisirent, après deux heures de combat, jusqu'aux palissades de la ville. La perte des Autrichiens fut de six cents hommes tués ou blessés.

Huit cents grenadiers ayant reçu, le lendemain 29, l'ordre de s'embarquer, on espérait pouvoir s'emparer d'une porte de la ville ; mais les eaux ayant diminué dans vingt-quatre heures de plus de trois pieds, il ne fut pas possible de tenter ce coup de main.

Le général Serrurier ordonna le 30, à onze heures du soir, au général Murat et à l'adjudant-général Vignolle, d'attaquer avec deux mille hommes la droite du camp retranché des ennemis sous Mantoue, pendant que le général Dallemagne, à la tête d'une forte colonne, devait attaquer la gauche. Le chef de bataillon d'artillerie Andréossi, officier du plus grand mérite, avec cinq chaloupes canonnières qu'il avait armées, alla donner une fausse alerte aux ennemis, et, dans le tems qu'il attirait sur lui tous les feux de la place, les généraux

Dallemagne et Murat remplissaient leur mission et portaient, dans les rangs ennemis, le désordre, l'épouvante et la mort. Le chef de brigade du génie Chasseloup traça, pendant ce tems, à cinquante toises de la place, l'ouverture de la tranchée sous le feu et la mitraille de l'ennemi. Au même instant les batteries de S. George, de Pradella et de la Favorite; les deux premières, composées de six pièces de gros calibre et à boulets rouges, et de six gros mortiers; la dernière, de huit pièces destinées à rompre la communication qui conduit de la citadelle à la ville, commencèrent à jouer contre la place. Dix minutes après, le feu se manifesta de tous côtés dans la ville. La douane, le palais Colloredo et plusieurs couvens furent entièrement consumés. A la pointe du jour, la tranchée n'étant que faiblement tracée; l'ennemi réunit une partie de ses forces, et chercha à sortir sous le feu terrible des remparts; mais les soldats français, cachés dans des ravins, derrière des digues, postés dans toutes les sinuosités qui pouvaient un peu les abriter de la mitraille, les attendirent de pied ferme et sans tirer. Cette constance déconcerta seule l'ennemi, qui rentra dans ses murs.

La nuit suivante, on perfectionna la tranchée pour armer les batteries, et les mettre prêtes à tirer dans la nuit qui devait succéder. Toutes les troupes, depuis le général jusqu'aux soldats, montrèrent la plus grande fermeté et le plus grand courage.

Dans cette attaque du camp retranché sous Mantoue, les Autrichiens ayant été repoussés jusque sous les murs de la place, les Français ayant mis le feu à cinq endroits de la ville, et ouvert la tranchée à cinquante toises de la ville, le général Buonaparte, pour empêcher l'effusion du sang et la ruine de la ville, fit faire au gouverneur de la place, le 4 thermidor, du quartier-général de Castiglione, la sommation suivante :

« Le général en chef de l'armée d'Italie, me charge, Monsieur, de vous écrire que, attaqué de tous côtés, vous n'êtes pas en état de défendre plus long-tems la ville de Mantoue; qu'une opiniâtreté déplacée ruinerait entièrement cette infortunée ville; que les loix de la guerre vous prescrivent impérieusement de rendre cette ville; et que si, contre son attente, vous vous obstiniez à une plus longue résistance, vous seriez responsable du sang inutile que vous feriez verser, de la destruction et des malheurs de cette grande ville; ce qui forcerait à vous traiter avec toutes les rigueurs de la guerre. »

Ce fut le général de division, chef de l'état-major, Berthier qui fut chargé d'écrire cette lettre; et le comte Canto d'Irles, lieutenant-général des troupes de l'empereur, commandant à Mantoue, fit la réponse suivante au commandant en chef Buonaparte :

» Les loix de l'honneur et du devoir m'imposent de défendre, jusqu'à la dernière extrémité, la place qui m'est confiée. »

Le siége de Mantoue fut continué jusqu'au moment où des circonstances impérieuses obligèrent Buonaparte à le lever un instant, pour le reprendre ensuite et le pousser jusqu'à ce que la garnison, ne pouvant plus tenir, se rendit aux Français.

Pendant que Buonaparte, par son courage, son activité, ses talens militaires, répandait la gloire et la terreur des armes françaises, et consolidait par ses exploits les bases de la constitution et du Gouvernement, on faisait courir à Paris les bruits les plus absurdes contre ce général et contre ses intentions. Le directoire exécutif, sous la présidence du citoyen Laréveillère-Lépaux, pour faire cesser tous ces bruits qui n'avaient leur source que dans l'imagination des ennemis du Gouvernement et de la chose publique, prit, le 13 thermidor an 4, l'arrêté suivant, pour imposer silence à l'imposture, et pour qu'il fût le sceau de l'approbation de la conduite de l'intrépide général en chef de l'armée d'Italie.

« Le directoire exécutif qui n'a qu'à se louer, citoyen général, de l'infatigable activité avec laquelle vous combattez les ennemis de la liberté ; le directoire exécutif qui partage avec tous les bons citoyens, avec tous les amis vrais de leur patrie, avec les sincères républicains, l'admiration qu'inspirent les grands talens militaires que vous déployez et qui vous donnent de justes titres à la reconnaissance nationale, voit avec indignation les efforts que des folliculaires, couverts de différens masques, font chaque jour pour tromper le public et seconder les ennemis de notre patrie par des bruits dont le but ne peut être que de semer la dissention parmi les amis de l'ordre et de la paix. Le directoire voit avec indignation la perfidie avec laquelle ces folliculaires coalisés se sont permis d'attaquer la loyauté, la constante fidélité de vos services ; et il se doit à lui-même le démenti formel qu'il donne aux absurdes calomnies que leur a fait hasarder le besoin d'entretenir la malignité par quelques récits qui puissent l'aiguillonner et faire lire leurs productions.

» Les uns, ouvertement royalistes, répandent crucment une fausseté; les autres, se disant patriotes par excellence, mais marchant au même but, la commentent, l'arment à leur manière, sous le prétexte de combattre leurs prétendus antagonistes; les uns et les autres travaillent ainsi à arrêter les progrès de l'ordre qui s'établit; les uns et les autres secondent les ennemis de la révolution; les uns et les autres veulent semer la discorde et désorganiser les armées; les uns et les autres se jouent ainsi de la bonne-foi de leurs lecteurs, de ceux qui leur procurent leur subsistance, et ils leurs donnent indécemment, comme certains, des récits qui ne sont que les écarts de leur imagination.

» Non, citoyen général, jamais les amis de l'Autriche n'ont pu prévenir le directoire contre vous, parce que les amis de l'Autriche n'ont ni succès ni influence au directoire; parce que le directoire connaît vos principes et votre attachement inviolable à la république. Non, jamais il n'a été question de votre rappel; jamais le directoire, jamais aucun de ses membres n'a pu penser donner un successeur à celui qui conduit si glorieusement les républicains à la victoire.

» Le folliculaire qui, voulant avoir l'air de vous défendre, ose dire qu'il avait connaissance de l'intrigue ourdie contre vous, et dont une affaire d'argent n'était que le prétexte; qui, se parant d'une fausse vertu, ose ajouter qu'il a eu la délicatesse de taire des évènemens qui auraient fait rire nos ennemis : celui-là en impose, celui-là trompe le public, et il est évidemment indigne de sa confiance. Si cet homme si instruit, cet homme qui, comme ses confrères en calomnies, cherche à se donner un air d'importance, en prétendant connaître tous les secrets de l'Etat; si cet homme a connaissance d'une intrigue de la nature de celle dont il parle, qu'il la découvre, qu'il la fasse connaître au directoire; elle est importante assez sans doute, elle intéresse assez le bien public, la marche de nos armées, pour que celui qui peut la mettre au jour, ne puisse se dispenser de la dénoncer à ceux qu'elle a pour but d'induire en erreur. Mais le silence de cet homme, son silence qui sera sa condamnation, éclairera le public sur la confiance qu'il devra désormais à ses insinuations.

» Vous avez, citoyen général, la confiance du directoire; les services que vous rendez chaque jour vous y donnent des droits. Les sommes considérables que la république doit à vos victoires prouvent que vous vous occupez tout à la fois de la gloire et des intérêts de votre patrie : tous les bons citoyens sont d'accord sur cet objet. Vous n'aurez pas de peine à abandonner les jactances, les calomnies des autres au mépris qu'elles méritent par elles-mêmes, et plus encore par l'esprit qui les dirige. »

Si le directoire exécutif rendit ce témoignage honorable aux services et à la sagesse des opérations de Buonaparte, ce conquérant de l'Italie reçut un autre témoignage qui honorait autant celui qui l'adressait que celui à qui il était adressé. Sous le régime des loix, il suffit qu'un général se distingue par quelque mérite, pour qu'il s'attire la haine et l'envie de ses semblables, pour que la jalousie, dénaturant ses actions, en ternisse l'éclat, et pour qu'il soit exposé aux piéges qu'on lui tend de toutes parts. Il en est rarement ainsi dans un Gouvernement républicain : si un général recommandable trouve des rivaux, ce sont des rivaux qui deviennent ses admirateurs, et qui veulent seulement rivaliser de gloire en marchant sur ses traces. Le général Hoche, si célèbre par les services qu'il avait rendus et par ses exploits militaires, fit voir dans la lettre suivante, adressée au ministre de la police, qu'il savait apprécier Buonaparte, et quelle était son opinion à l'égard de ce commandant en chef. Le témoignage du général Hoche ne devait pas paraître suspect.

Citoyen ministre,

« Des hommes qui, cachés ou ignorés pendant les premières années de la fondation de la république, n'y pensent aujourd'hui que pour trouver les moyens de la détruire, et n'en parlent que pour calomnier ses plus fermes appuis, répandent,
depuis

depuis quelques jours, les bruits les plus injurieux aux armées, et les plus absurdes contre un des officiers-généraux qui les commandent. Ne leur est-il donc pas suffisant, pour parvenir à leur but, de correspondre ouvertement avec la horde conspiratrice résidante à Hambourg? Faut-il, pour obtenir la protection des maîtres qu'ils veulent donner à la France, qu'ils avilissent les chefs des armées, les meilleurs amis du Gouvernement? Pensent-ils que ceux-ci, aussi faibles qu'au tems passé, se laissent injurier sans oser répondre, accuser sans pouvoir se justifier, et attaquer sans se défendre? Pensent-ils que le Gouvernement ignore les motifs de leurs clameurs, qu'il se laisse abuser par leurs mensonges?

» Pourquoi donc Buonaparte se trouve-t-il l'objet de la fureur de ces *messieurs*? est-ce parce qu'il a abattu leurs amis et eux-mêmes en vendémiaire? est-ce parce qu'il dissout les armées des rois, et qu'il fournit à la république les moyens de terminer cette honorable guerre? Ah! brave jeune homme, quel est le militaire républicain qui ne brûle du desir de t'imiter ? Courage ! courage ! Buonaparte, conduis à Naples, à Vienne, nos armées victorieuses ; réponds à tes ennemis personnels en humiliant les rois, en donnant à nos armes un lustre nouveau : laisse - nous le soin de ta gloire, et compte sur notre reconnaissance ; compte aussi que, fidèles à la constitution, nous la défendrons contre les attaques des ennemis de l'intérieur. Comme toi, nous marchions contre les royalistes en vendémiaire ; l'éloignement seul a empêché les frères d'armes de toutes les armées de partager tes travaux.

» J'ai ri de pitié en voyant un homme, qui d'ailleurs a beaucoup d'esprit, annoncer des inquiétudes, qu'il n'a pas, sur les pouvoirs accordés aux généraux français. Vous les connaissez à - peu - près tous, citoyen ministre : quel est donc celui qui, en admettant même qu'il ait assez de pouvoir sur son armée pour la faire marcher contre le Gouvernement, quel est celui, dis - je, qui jamais entreprendrait de le faire, sans être sur-le-champ accablé par ses compagnons ? A peine les généraux se connaissent-ils ; à peine correspondent-ils ensemble. Leur nombre doit rassurer sur les desseins qu'on prête gratuitement à l'un d'eux. Ignore-t-on ce que peuvent sur les hommes l'envie, l'ambition, la haine ; je puis ajouter, je pense, l'amour de la patrie et l'honneur ? Rassurez-vous donc, républicains modernes.

» Quelques journalistes ont poussé l'absurdité au point de me faire aller en Italie pour arrêter l'homme que j'estime et dont le Gouvernement a le plus à se louer. On peut assurer qu'au tems où nous vivons peu d'officiers généraux se chargeraient de remplir les fonctions d'un gendarme, bien que beaucoup soient très-disposés à combattre les factions et les factieux, quel que soit au surplus le motif apparent de la révolte.

» Depuis mon séjour à Paris, j'ai vu des hommes de toutes les opinions ; j'ai pu en apprécier quelques-uns à leur juste valeur. Il en est qui pensent que le Gouvernement ne peut marcher sans eux ; ils crient pour se faire remarquer et se rendre intéressans.

J'avais vu des émigrés, plus Français que royalistes, pleurer de joie au récit de nos victoires; j'ai vu des Parisiens les révoquer en doute. Il m'a semblé qu'un parti audacieux, mais sans moyens, voulait renverser le Gouvernement actuel, pour y substituer l'anarchie; qu'un second, plus dangereux, plus adroit, et qui compte des amis par-tout, tend au même bouleversement, pour redonner à la France la constitution boiteuse de 1791 et une guerre civile de trente années; qu'un troisième enfin, s'il sait les mépriser et prendre sur eux l'empire que lui donne les loix, s'il veut démasquer publiquement l'odieux royaliste qui le flagorne pour le perdre, et contenir le turbulent révolutionnaire, vaincra les deux autres, parce qu'il est composé de républicains vrais, laborieux et probes, dont les moyens sont les vertus et les talens, et qu'il compte au nombre de ses partisans tous les bons citoyens et les armées qui n'auraient sans doute pas vaincu depuis cinq ans pour laisser asservir la patrie. »

On avait répandu les bruits les plus alarmans sur le sort de l'armée d'Italie, et quoiqu'on eût la plus grande confiance dans les talens de son général, on avait cependant de l'inquiétude en France par rapport à elle. On savait que le nouveau général des Autrichiens, Wurmser, avait reçu de nombreux renforts; on savait qu'il voulait en profiter pour débloquer Mantoue; on savait encore que son dessein était de reporter le théâtre de la guerre dans le Milanais; on savait enfin qu'instruit par sa première défaite, il devait se mettre plus sur ses gardes et prendre de plus grandes précautions. On avait appris que, le 11 thermidor, ce général avait fait avancer une forte colonne sur Salo qu'il avait enlevé aux Français, ainsi que Brescia, et qu'une autre colonne de son armée, ayant forcé leur poste de la Corona, avait passé entre le lac de Garda et l'Adige, et avait contraint par ce mouvement l'armée française d'évacuer Véronne. Les malveillans avaient grossi ses pertes, et ils espéraient que l'armée d'Italie éprouverait encore de grands revers, même sa destruction complète, parce qu'ils ne croyaient pas que Buonaparte trouverait les moyens, non-seulement d'arrêter les progrès de l'ennemi, mais encore d'anéantir ses forces; on ne savait pas qu'un général tel que Buonaparte trouve en lui-même des ressources contre tous les évènemens.

Les évènemens se succédaient depuis le 11 thermidor avec une rapidité extraordinaire. Il fallut Buonaparte pour surmonter tous les obstacles; il fallut la précision que les différens généraux apportèrent dans l'exécution de ses ordres; il fallut leur ardeur et le courage des troupes françaises pour triompher. Depuis plusieurs jours, les vingt mille hommes de renfort que l'armée autrichienne du Rhin avait envoyés à l'armée d'Italie étaient arrivés. Ces forces, jointes aux nombreuses recrues et à un nombre très-considérable de bataillons venus de l'intérieur de l'Autriche, rendaient cette armée extrêmement redoutable. L'opinion assez générale était répandue que les Autrichiens seraient dans Milan.

L'armée française, pour couvrir le siége de Mantoue, occupait depuis le lac d'Ysco,

Salo, Montebalbo et l'Adige, jusqu'à Porto-Legnano et Labadio.

L'ennemi, rassemblé à Trente et à Roverdo, menaçait de se porter également sur tous les points de la ligne. Le 11, à trois heures du matin, il attaqua, avec des forces bien supérieures, la division du général Massena, à la Corona, entre le lac de Garda et l'Adige. On fut obligé de céder ce poste important. Au même instant, une division de quinze mille Autrichiens surprit la division du général Soret à Salo, et s'empara de ce poste essentiel, qui fut le premier forcé. Cette division, au lieu de faire sa retraite sur Brescia, comme le portait l'instruction, la fit sur Desinzanno, ce qui laissa à l'ennemi l'entrée sur le derrière de l'armée française. Le général Guieux, se trouvant cerné par l'ennemi avec six cents hommes d'infanterie légère, se retrancha dans un château à Salo, d'où il promit de se défendre jusqu'à la dernière extrémité, quoiqu'il n'y eût pas de vivres. Le général de brigade Rusca y fut blessé.

Le 11 thermidor, prise du poste de la Carona, de Salo et de Brescia, par les Autrichiens.

La division de la Corona soutint l'attaque toute la journée; mais elle céda au nombre après le combat le plus opiniâtre.

L'ennemi se trouvant maître des hauteurs et à la gauche de l'Adige, les Français ne pouvaient plus tenir Veronne ni Porto-Legnano, sans exposer les troupes qui y étaient à se trouver enveloppées.

Le général en chef Buonaparte ordonna que les troupes se repliassent, et il rassembla toutes ses forces sur Roverbella, pour soutenir le siége de Mantoue. Tandis qu'une partie de la division ennemie cernait le général Guieux à Salo, une autre partie était descendue sur Brescia. Enhardi par la supériorité du nombre et par ses succès, l'ennemi avança pour livrer un second combat, et Buonaparte se préparait à marcher au-devant de lui, lorsqu'il apprit que Brescia avait été surpris et que l'ennemi y avait fait prisonnières quatre compagnies qui s'y trouvaient, quatre-vingts hommes du vingt-cinquième régiment de chasseurs, deux généraux et quelques officiers supérieurs qui y étaient restés malades, et les soldats malades qui s'y trouvaient. Il apprit aussi que des partis de houlans étaient sur les derrières ; qu'ils poussaient sur la route de Milan, que l'ennemi était à Lonado, et qu'il marchait pour prendre les Français en queue.

L'ennemi, en descendant du Tirol par Brescia et l'Adige, avait mis au milieu de lui les troupes françaises. Pour vaincre tant d'obstacles, il fallut adopter un plan vaste, et c'est ce que fit Buonaparte. L'armée républicaine étant trop faible pour faire face aux divisions de l'ennemi, elle pouvait battre chacune d'elles séparément, et par sa position, elle se trouvait entre elles. En rétrogradant rapidement, on pouvait envelopper la division ennemie descendue à Brescia, la prendre prisonnière, ou la battre complètement, et de-là revenir sur le Mincio attaquer le général Wurmser et l'obliger à repasser dans le Tirol. Pour exécuter ce projet, il fallait promptement lever le siége de Mantoue, qui était sur le point d'être pris ; il fallait, pour l'exécution de ce projet, repasser sur-le-champ le Mincio, et ne pas donner le tems aux divisions ennemies d'envelopper l'armée française. Buonaparte fit tout cela ; la fortune sourit à ce projet, et le combat de Desinzanno, les deux combats de Salo, la bataille de Lonado et celle de Castiglione en furent le résultat.

Buonaparte ayant pris le parti d'abandonner le plan de risquer le sort d'une bataille, qui n'aurait eu d'autre but que de couvrir le siége de Mantoue, fit reployer l'armée pour protéger la levée du siége de Mantoue, qui se fit dans la nuit, de manière qu'au jour, toute l'armée fut de l'autre côté du Mincio, une division à Basolo, le reste sur Monte-Chiaro. Le 12 thermidor au soir, toutes les divisions se mirent en marche sur Brescia ; cependant la division autrichienne qui s'était emparée de Brescia était arrivée à Lonado.

Le 13 thermidor, reprise de Salo par les Français.

Le général Soret, à la tête de deux demi-brigades, et le général Dallemagne, reçurent, le 13 thermidor, l'ordre d'aller renforcer la division reployée de Salo, d'attaquer et reprendre Salo, à quelque prix que ce fût. Le général Soret réussit complètement à délivrer le général Guieux à Salo, après avoir battu l'ennemi, lui avoir pris deux drapeaux, deux pièces de canon et deux cents prisonniers.

Le général Guieux et les troupes sous ses ordres avaient resté quarante-huit heures sans pain, toujours se battant contre les ennemis. Ce général, après avoir fait la plus belle défense et montré, ainsi que ses troupes, le plus grand sang-froid et le courage le plus intrépide pour repousser les attaques de l'ennemi, fut délivré; mais l'ennemi ayant reparu en force, les Français furent obligés d'abandonner Salo une seconde fois.

Le général Dallemagne n'eut pas le tems d'attaquer les ennemis, il fut attaqué lui-même à Lonado. Un combat des plus opiniâtres et long-tems indécis s'engagea. L'ennemi fut à la fin complètement battu. Il laissa six cents morts sur le champ de bataille, et six cents prisonniers.

Le 13 thermidor, l'ennemi battu à Lonado.

La position des Français devenait très-critique; toute l'armée ennemie les poursuivait, et le corps d'armée descendu à Brescia venait à sa rencontre. Pour réussir, il fallait que les Français gagnassent une marche à l'ennemi, parce qu'ils étaient pressés ; qu'ils fondissent sur le corps d'armée de Brescia, reprissent cette place, poursuivissent eux-mêmes l'ennemi dans les montagnes, fissent en même tems rattaquer Salo et occupassent les gorges du Tirol, pour couper le corps ennemi de Brescia ; il fallait, ce corps une fois forcé, le retourner, fondre sur l'armée du général Wurmser et la battre. Tels furent les mouvemens qui s'opérèrent et qui furent couronnés du succès le plus complet.

Le 14 thermidor, reprise de Brescia par les Français. Toute l'armée, excepté la division de Bazolo, qui couvrait la route de Crémone, marcha le 14 sur Brescia, qui fut enlevé à l'ennemi qui s'enfuit dans la montagne. Le général Augereau y entra à midi. On y trouva tous les magasins, que l'ennemi n'avait pas eu le tems d'enlever, et les malades, qu'il n'avait pas eu le tems d'évacuer.

La division du général Augereau retourna le 15 à Monte-Chiaro. Massena prit position à Lonado et à Ponte-San-Marco. L'ennemi ayant fait marcher un corps considérable de troupes à Castiglione, le général Vallette, qui y avait été laissé avec dix-huit cents hommes, pour défendre cette position importante, et par ce moyen tenir éloignée de l'armée française la division du général Wurmser, abandonna le soir même ce village, seulement avec la moitié de ses troupes, et vint à Monte-Chiaro porter l'alarme, en annonçant que le reste de sa troupe était prisonnière. Abandonnées de leur général, ces braves troupes trouvèrent des ressources dans leur courage et opérèrent leur retraite sur Ponte-San-Marco. Le général Vallette ayant déjà montré peu de courage à l'attaque de la Corona, fut suspendu de ses fonctions de général sur-le-champ et en présence de sa troupe.

Le général Soret avait été obligé d'abandonner; le général Guieux reçut ordre d'aller reprendre ce poste essentiel. On apprit en même tems que toute l'armée du général Wurmser passait le Mincio pour venir attaquer les Français.

On se trouva le 16 thermidor, à la pointe du jour, en présence. Le général

Le 16 thermidor, reprise de Sa-

lo, de Lonado et de Castiglione, par les Français. Guieux, qui était à la gauche, devait attaquer Salo, le général Massena, qui était au centre, devait attaquer Lonado, et le général Augereau, qui était à la droite, devait attaquer Castiglione.

L'ennemi, au lieu d'être attaqué, attaqua l'avant-garde de Massena, qui était à Lonado. Elle fut enveloppée, et le général Pigeon, avec une partie de la dix-huitième demi-brigade, qui formait cette avant-garde, et qui s'était portée avec audace pour s'emparer d'un poste important, fut fait prisonnier, et trois pièces d'artillerie à cheval furent enlevées.

Le général en chef fit aussitôt former ce qui restait de la dix-huitième demi-brigade, et la trente-deuxième en colonne serrée par bataillon, et pendant le tems qu'au pas de charge les Français cherchaient à percer l'ennemi, les Autrichiens s'étendaient davantage pour les envelopper. Cette manœuvre fut un sûr garant de la victoire. Quelques tirailleurs furent envoyés par le général Massena sur les aîles des ennemis, pour retarder leur marche. La première colonne arrivée à Lonado, força l'ennemi, lui coupa la retraite et le jeta sur le lac. Le quinzième régiment de dragons chargea les houlans, et reprit les trois pièces d'artillerie légère.

Dans un instant l'ennemi se trouva séparé et disséminé. Comme il voulait opérer sa retraite sur le Mincio, l'aide-de-camp, chef de brigade, Junot, reçut ordre du général en chef de se mettre à la tête de sa compagnie des guides, de poursuivre l'ennemi, de le gagner de vîtesse à Desenzano, afin de l'obliger, par ce moyen, à se retirer sur Salo. Arrivé à Desenzano, il rencontra le colonel Bender avec une partie de son régiment de houlans qu'il chargea ; mais, ne voulant pas s'amuser à charger la queue, il fit un détour par la droite, prit le régiment en front, blessa le colonel qu'il voulait faire prisonnier, lorsqu'il fut lui-même entouré. Après en avoir tué plusieurs de sa propre main ; il fut culbuté, renversé dans un fossé et blessé de six coups de sabre.

L'ennemi opérant sa retraite sur Salo, occupé par les Français, cette division errante dans les montagnes fut presque toute prisonnière. Pendant ce tems là, le général Augereau marchait sur Castiglione et s'emparait de ce village. Toute la journée, il livra et soutint des combats opiniâtres contre des forces doubles des siennes. Dans cette journée mémorable, l'ennemi fut complètement battu de tous côtés. L'artillerie, l'infanterie et la cavalerie se distinguèrent par-tout.

Les Autrichiens perdirent, dans cette journée, trois mille hommes tués ou blessés; quatre mille hommes faits prisonniers, parmi lesquels trois généraux, vingt pièces de canon et trois drapeaux.

Les Français, parmi les militaires tués, perdirent le général Beyrand, officier distingué par ses qualités guerrières et morales, Pourailler, chef de la quatrième demi-brigade d'infanterie, Bougon, chef de brigade du premier régiment d'hussards, et Marnot, chef de brigade du vingt-deuxième régiment des chasseurs.

Des ordres ayant été envoyés pour occuper les défilés qui vont de Brescia sur Trente, et pour couper toute retraite aux Autrichiens, l'armée Française prit, le

17 Thermidor, position sur la ligne de Lonado et de Monte-Chiaro. L'ennemi marcha avec toutes ses forces, et prit position en arrière de Gastiglione, se prolongeant la droite au Mincio, et la gauche vers la Chiesa, après avoir rassemblé tous ses moyens pour livrer bataille.

Le même jour, l'adjudant-général Herbia eut les plus grands succès. Ayant culbuté, le 17, deux bataillons ennemis qui se trouvèrent sur son passage, les mit en déroute; il s'avança jusqu'à Saint-Ozeto, dont il s'empara.

<small>Le 17 thermidor, prise de St.-Ozeto par les Français.</small>

Le général Despinoy ayant reçu l'ordre de pénétrer dans le Tirol par le chemin de Chiesa, fut chargé auparavant de culbuter cinq à six mille Autrichiens qui se trouvaient à Gavardo. Le général Dallemagne, à la tête d'un bataillon de la onzième demi-brigade, marcha aussi, le 17, sur Gavardo; et, ayant culbuté les ennemis, il en fit un grand nombre prisonniers; mais, n'ayant pas été soutenu par le reste de la division, il fut cerné à son tour, et ne put opérer sa retraite, qu'en se faisant jour à la bayonnette au travers des ennemis.

Le 17, prise de Gavardo avec dix-huit cents prisonniers.

Après cette glorieuse retraite du général Dallemagne ; le général Saint-Hilaire fut envoyé, le même jour 17, à Salo, pour se concerter avec le général Guieux, et attaquer la colonne ennemie qui était à Gavardo, pour avoir libre le chemin du Tirol. Après une fusillade assez vive, les ennemis furent défaits, et on leur fit dix-huit cents prisonniers.

Pendant toute la journée du 17, le général Wurmser s'occupa à rassembler les débris de son armée, à faire arriver sa réserve, à tirer de Mantoue tout ce qui était disponible, à les ranger en bataille. Les Français n'étaient pas encore assurés de l'Italie ; le général Wurmser réunissait encore un corps de vingt-cinq mille hommes, une cavalerie nombreuse ; et il était encore assez en force pour disputer le terrain, et arrêter les progrès ultérieurs des Francais.

Le général en chef Buonaparte, ayant donné des ordres pour réunir toutes les colonnes de l'armée, se rendit à Lonado pour voir les troupes qu'il pourrait en tirer. En entrant dans cette place, il reçut un parlementaire qui sommait le commandant de Lonado de se rendre; parce que, disoit-il, la gauche de l'armée française était cernée, et que son général faisait demander si les Français voulaient se rendre. Effectivement les différentes vedettes de cavalerie annonçaient que différentes colonnes touchaient les grand'gardes des Français, et que déjà la route de Brescia à Lonado était interceptée au pont San-Marco. Le général en chef se douta que ce ne pouvait être que les débris de la division coupée qui, après avoir erré et s'être réunis, cherchaient à se faire passage.

La circonstance était des plus embarrassantes; il n'y avait à Lonado qu'à peu-près douze cents hommes; mais Buonaparte n'était pas un général à se laisser enlacer dans un filet. Il fit venir le parlementaire, et lui dit : « Allez annoncer à votre général que, s'il a voulu insulter l'armée française, je suis ici; que c'est lui-même et son corps qui sont prisonniers;

qu'il est une des colonnes coupées par les Français à Salo, et par le passage de Brescia à Trente; que si, dans huit minutes, il n'a pas mis bas les armes; que s'il fait tirer un seul coup de fusil, je fais tout fusiller. Débandez, dit Buonaparte, les yeux à Monsieur : voyez le général Buonaparte, son état-major au milieu de la brave armée républicaine; dites à votre général qu'il peut faire une bonne prise. Allez : »

Le 17, quatre mille Autrichiens faits prisonniers devant Lonado.

Le parlementaire fut fort étonné de trouver le général en chef dans Lonado. Pendant qu'il alla rendre les volontés du général français aux officiers qui l'avaient envoyé, tout se disposa pour l'attaque. Le chef de la colonne ennemie demanda à être entendu : il proposait de se rendre; mais il voulait capituler. — Non, répondit le général français, vous êtes prisonnier de guerre. Le général ennemi ayant demandé quelque-tems pour se consulter, Buonaparte donna l'ordre de faire avancer les grenadiers, l'artillerie légère, et d'attaquer. Il quitta le général ennemi, qui cria aussitôt; Nous sommes tous rendus.

Un instant après, toute la colonne posa les armes. Elle était forte de quatre mille hommes et de cinquante hommes de cavalerie; elle avait deux pièces de canon; les armes furent aussitôt mises en route pour les dépôts.

Cette colonne venant de Gavardo, cherchait une issue pour se sauver; n'ayant pu se faire jour le matin par Salo, elle chercha à se le faire par Lonado, et fut ainsi faite prisonnière de guerre.

Tous les corps ennemis de Gavardo et de Salo étant détruits, le général en chef Buonaparte ordonna un mouvement général sur Castiglione de Stivère. On marcha pendant la nuit; au jour, presque toute l'armée se trouva en présence de celle de Wurmser, forte de vingt-cinq mille hommes, dont la ligne était formidable et qui avait beaucoup d'artillerie.

La colonne du général Serrurrier eut ordre de marcher sur Castiglione. Sa position la dirigea sur les derrières de la ligne ennemie. Tout fut combiné pour qu'elle se trouvât près de l'ennemi à l'instant où l'attaque devait commencer.

Le 18 déroute de l'armée de Wurmser à Castiglione et à la Chiesa.

Les deux armées étant en présence, le 18 thermidor, à la pointe du jour, et aucun mouvement n'ayant encore été fait de part ni d'autre à six heures du matin, Buonaparte fit faire un mouvement rétrograde à toute l'armée française, pour attirer l'ennemi, dans le tems que la division du général Serrurier venant de Marcaria, et qu'il attendait à chaque instant, tournait toute la gauche du général Wurmser qui se prolongeait sur la droite pour observer les derrières de l'armée française. Dès l'instant qu'on eût apperçu cette division, commandée par le général Fiorella, qui attaquait la gauche de l'ennemi, le centre et la gauche de l'armée française, marchant sur un développement de plus d'une lieue et demie, culbuta les avant-postes des Autrichiens.

L'adjudant-général Verdière eut ordre d'attaquer une redoute que les ennemis avaient faite dans le milieu de la plaine, pour soutenir leur gauche. L'aide-de-camp du général Buonaparte, Marmont, chef de bataillon, fut chargé de diriger vingt pièces d'artillerie légère, et d'obliger par ce seul feu l'ennemi à abandonner ce poste intéressant.

Le général Augereau attaqua le centre de l'ennemi, appuyé à la tour de Scaguello; le général Massena attaqua la droite. L'adjudant-général Leclerc, à la tête de la cinquième demi-brigade, marcha au secours de la quatrième demi-brigade.

Toute la cavalerie, aux ordres du général Beaumont, marcha sur la droite, pour soutenir l'artillerie légère et l'infanterie. Par-tout on fut victorieux, par-tout on obtint les succès les plus complets. Dès que le général Wurmser eut vu la colonne du général Serrurier le prendre à revers, après une vive canonnade, il ordonna la retraite, et il fut poursuivi jusqu'au Mincio.

On prit à l'ennemi dix-huit pièces de canon, cent vingt caissons; sa perte monta à deux mille hommes tant tués que prisonniers. Il fut mis dans une déroute complète; mais les troupes françaises, excédées de fatigues, ne purent les poursuivre que l'espace de trois lieues. L'ajudant-général Frontin fut tué et mourut en présence de l'ennemi.

Cette seconde campagne de la même année fut terminée dans l'espace de cinq jours. Le général Wurmser perdit dans ces cinq jours soixante-dix pièces de canon de campagne, tous ses caissons d'infanterie, quinze mille prisonniers, six mille tués ou blessés, presque tous des troupes venant du Rhin et parmi lesquelles il y avait plusieurs escadrons de cavalerie. Indépendamment de ces pertes, l'armée étant éparpillée, on ramassa encore un grand nombre de soldats en poursuivant l'ennemi. Tous les soldats français, officiers et généraux déployèrent dans cette circonstance difficile un grand caractère de prudence et de bravoure.

Le 19, déroute des Autrichiens et levée du siège de Peschiéra.

L'ennemi tenait encore la ligne du Mincio le 19 thermidor, au matin. Sa droite était appuyée à son camp retranché à Peschiéra, sa gauche à Mantoue et son centre à Valeggio. Le général Augereau se porta à Borghetto et engagea une vive canonnade avec l'ennemi. Pendant ce tems, le général Massena se porta sur les hauteurs de Peschiéra ; attaqua l'ennemi dans le camp retranché qu'il avait fait devant cette place, le mit en déroute, lui prit douze pièces de canon et lui fit sept cents prisonniers. Le résultat de ce combat fut d'obliger l'ennemi à lever le siége de Peschiéra, et à quitter la ligne du Mincio.

La même division du général Massena se porta le 20 sur la Corona où elle prit sept pièces de canon. Arrivée à Rivoli, sur le bord de l'Adige, son avant-garde apperçut quatre pièces de canon que l'ennemi y avait placées ; il s'établit une fusillade qui déterminer une partie des ennemis à abandonner leurs pièces. Aussitôt une vingtaine de chasseurs français s'étant déshabillés passèrent l'Adige à la nage, se portèrent sur les pièces, et y trouvèrent encore une douzaine d'Autrichiens armés qu'ils firent prisonniers, quoiqu'ils fussent sans armes et nuds. Cette division, après avoir fait quatre cents prisonniers, reprit ses anciennes positions.

Le même jour, 20 thermidor, le général Augereau passa le Mincio à Peschiéra. La division du général Serrurier, qui avait

<small>Le 20, reprise de Vérone par les Français.</small>

également passé le Mincio, se porta sur Véronne, où elle arriva à dix heures du soir, après avoir culbuté les avant-postes ennemis. L'arrière-garde ennemie étant encore dans Veronne, les Autrichiens en fermèrent les portes et levèrent les ponts-levis, malgré les instances du gouverneur venitien. Le provéditeur de la république de Venise ayant été sommé de les ouvrir et ayant déclaré qu'il ne le pouvait pas de deux heures, l'ordre fut aussitôt donné de les ouvrir à coups de canon. Le général Dommartin l'exécuta en moins d'un quart d'heure, avec quatre pièces d'artillerie. Les Français s'emparèrent des postes, trouvèrent dans la ville différens bagages, et firent trois cents prisonniers.

Le général Wurmser qui, à la tête de l'armée autrichienne, menaçait depuis six semaines l'Italie d'invasion, était chassé du Mantouan, était obligé de fuir au loin dans le tirol. Sa fuite ayant fait disparaître toutes les chances, assurait la possession de l'Italie. L'armée française reprenait toutes ses positions, et une division se rendait devant Mantoue pour continuer le blocus de cette ville. Dès leur arrivée devant cette place, le 20 thermidor, les Français s'emparèrent de quelques convois et firent des prisonniers.

L'ennemi après sa retraite occupa en force la Corona, Montebaldo et Préabolo ; il parut vouloir s'y soutenir. Le général Massena y marcha le 24 ; il s'empara de Montebaldo, de la Corona et de Préabolo. Il prit sept pièces de canon et fit quatre cents prisonniers. *Le 24, prise de Montebaldo, etc.*

Le général Soret et le général de brigade Saint-Hilaire, d'après les ordres du général en chef Buonaparte, se rendit, le 25 thermidor, à la Roque-Danfonce, où l'ennemi paraissait vouloir tenir. Cette opération réussit ; la Roque-Danfonce fut forcée. L'ennemi, qui fut rencontré à Lodron, prit la fuite après un léger combat ; on s'empara de ses bagages, de six pièces de canon, et on fit onze cents prisonniers. Le général Augereau, ayant passé l'Adige, poussa l'ennemi sur Roveredo et fit quelques centaines de prisonniers.

Les exploits de la république française se succédaient avec la rapidité de l'éclair.

De chaque lieu où se trouvaient les armées françaises, on recevait des nouvelles de victoires si éclatantes, que tous les faits de l'histoire, comparés à ceux-là, devenaient insignifians. Nul homme, quelque aversion qu'il portât au fond de son cœur à la cause de la France, ne pouvait refuser le tribut de son admiration à tant d'intrépidité. Non-seulement les évènemens surpassaient tout ce que les prédictions les plus exagérées avaient annoncé de l'énergie de, l'enthousiasme rendu désespéré par l'agression, mais encore les spéculations des hommes d'état, qu'on traitait de rêveries incompatibles avec *la médiocrité des hommes de ce siècle*, furent au-dessous de la réalité. Ce qu'il y eut encore de plus surprenant, c'est qu'on ne fut point étonné de tant de merveilles : tant d'exploits surprenans furent regardés comme des évènemens communs et journaliers.

Qu'on réunisse en un seul tableau le nombre des Etats souverains que les Français avaient soumis dans le court espace de trois mois, des montagnes qu'ils avaient franchies, des rivières qu'ils avaient traversées sous les yeux des plus vieilles armées, les plus aguerries de l'Europe, des batailles qu'ils avaient gagnées, des victoires qu'ils avaient remportées, et qu'on se demande ensuite quel devait être la fin de cette prodigieuse carrière de triomphes? Tous les princes de l'Empire demandaient la paix en suppliant; l'empereur accusait le ministre anglais de l'avoir précipité dans les désastres qu'il essuyait chaque jour, et il commençait dès-lors à paraître évident qu'il serait obligé d'acheter la possession de son trône par l'abandon de tout ce qu'il plairait aux Français de garder. Toutes ces victoires mettaient la république française dans le cas de dicter ses conditions à toutes les puissances.

Les malveillans n'avaient cessé d'exagérer les revers des Français et de porter par-tout l'alarme. Les succès qui leur succédèrent avec tant de rapidité, ayant réparé avec usure ces échecs, arrêtèrent promptement les projets de ceux qui voulaient en profiter pour soulever ces contrées contre les Français. Lorsque l'armée battait en retraite; que les partisans de l'Autriche et les ennemis de la liberté la croyaient perdue sans ressource; lorsqu'ils cherchaient à semer l'épouvante sur la prochaine arrivée des Autrichiens, la municipalité de Milan et la plus grande partie des citoyens se présentèrent chez le commissaire du Gouvernement français pour demander des armes, annonçant la ferme résolution où ils étaient de partager le sort des Français. Quoique sans nouvelles de l'armée, pendant trois ou quatre jours, la tranquillité publique dans cette ville ne fut ni troublée ni menacée un seul instant : les Milanais et en général les Lombards déployèrent un zèle et un caractère qui prouvèrent qu'ils étaient dignes de jouir de la liberté. On remarqua en eux cette énergie qui est un signe certain pour l'avenir de la gloire qu'ils doivent acquérir en tenant un rang parmi les puissances de l'Europe.

Le général en chef Buonaparte ne put s'empêcher de donner aux Milanais et aux Lombards des témoignages de satisfaction pour l'ardeur qu'ils avaient montrée dans ces circonstances critiques. Il les assura qu'ils avaient mérité l'estime de l'armée française et qu'ils auraient la protection de la république pour consolider leur liberté et leur bonheur.

Après s'être déclarés pour la France d'une manière si prononcée, les Milanais sentirent qu'ils ne pouvaient plus balancer à unir leur sort à celui des Français, parce que autrement ils se seraient vus exposés à la vengeance sans borne et aux échafauds du Gouvernement qui venait d'y être détruit. Il n'y avait plus pour eux de tempéramens à espérer ; ils avaient à attendre d'un côté la liberté, et de l'autre une mort violente et cruelle. Pour se soustraire à la mort qui les aurait menacés, et fixer la liberté qui se présentait à eux, ils réunirent tous leurs moyens pour secourir les Français dans leurs entreprises, et pour les aider d'une manière efficace. Ils concoururent de tout leur pouvoir à seconder les efforts du général en chef Buonaparte, que ses ennemis, c'est-à-dire toutes les personnes attachées à la royauté, voulaient rendre impuissans. Il paraît probable que ce grand général, malgré ses talens militaires et son intrépidité, n'aurait pas eu autant de succès qu'il en a eu dans ces expéditions ultérieures, sans les secours des courageux Lombards.

Les Français, après avoir chassé les Autrichiens de l'Italie, à laquelle ils ne tenaient presque plus que par la seule place de Mantoue, voulurent aussi écarter de la rade de Livourne les Anglais, leurs frégates et leurs bâtimens. Ils armèrent une grosse tartane, portant quatre canons de bronze et cent hommes d'équipages, avec des fourneaux pour faire rougir des boulets. Cette tartane étant sortie du port, établit sa station sous le fortin de la pointe du mole, afin de protéger l'entrée des navires. Une frégate et un brick anglais s'étant avancés presque à la portée du canon de cette pointe, le fortin et la tartane tirèrent de manière à leur faire promptement gagner le large. Le commandant de l'escadre anglaise, informé de cet armement, adressa, à ce sujet, aux marins une circulaire qui fut interceptée et qui portait :

« Le commodore Nelson informé que des tartanes sont armées de fourneaux pour

pour rougir les boulets, donne avis que les équipages des tartanes ainsi armées seront considérés comme équipages de brûlots. »

Le commandant français de la place de Livourne écrivit ainsi aux équipages des tartanes : « Une circulaire a été écrite par nos ennemis, les Anglais, déjà épouvantés par les forces que vous allez déployer contre eux; ils espèrent vous intimider, comme s'ils étaient déjà victorieux; ils vous menacent d'une mort honteuse, dans le cas où le sort des batailles vous ferait tomber entre leurs mains. Votre énergie et votre courage se déploieront avec des forces suffisantes pour prouver à ces ennemis que nous ne les craignons pas plus que nous ne les avons craints aux batailles de Hundscoote et ailleurs. Je vous estime très-heureux, en ce que vous serez les premiers à sortir de ce port pour leur annoncer que bientôt nous les ferons repentir de leurs menaces. »

Tous les ports d'Italie furent fermés aux Anglais par les Français. L'Angleterre ne put plus, comme auparavant, en retirer des provisions et des munitions pour ses vaisseaux dans la Méditerranée. L'entrée des ports d'Italie fermée aux flottes anglaises, porta un coup funeste aux projets du Gouvernement britannique et au commerce des Anglais, qui se trouva presque anéanti dans cette contrée.

CHAPITRE V.

Prise de Governolo et de Borgoforte devant Mantoue. Discours prononcé au directoire lorsque les drapeaux pris par l'armée d'Italie lui sont présentés ; la réponse du directoire. Proclamation de Buonaparte aux Tiroliens. L'ennemi chassé de Santo-Marco, de Pieve, du château de la Pietra. Bataille de Roveredo. Prise de Trente et de Lavis. Prise du camp retranché de Primolan et du fort de Covalo. Bataille de Bassano. Combat de Cerea où les Français ont le dessous. Combat de Castellaro. Prise de Porto-Legnago. Combat de Duecastelli. Wurmser se retire dans Mantoue. Bataille de Saint-George. Déroute des Autrichiens à Governolo. Cent cinquante hommes sortis de Mantoue, faits prisonniers à Reggio. On met le feu à des meules de foin devant Mantoue, ce qui cause une sortie de Mantoue. Buonaparte envoie au direc-

toire les drapeaux pris sur l'ennemi. Discours lors de la présentation de ces drapeaux; réponse du président. Les Autrichiens dans Mantoue font une sortie. Nouvelle armée autrichienne dans le Tirol, sous le commandement du général Alvinzi. Combat de Saint-Michel et de Segonzano. Combat de la Brenta. Combats de Saint-Martin, de Saint-Michel et de Caldero. Bataille d'Arcole. Lettre de Buonaparte au directeur Carnot. Lettre du général divisionnaire Berthier au général Baraguey-d'Hilliers. L'ennemi chassé de Castel-Novo, de Rivoli, de la Corona et de Dolce. Lettre de Buonaparte au général Clarke. Lettre de ce général à la citoyenne Muiron et au directoire. Les assiégés dans Mantoue font une sortie. Message du directoire aux deux conseils. Drapeaux présentés au directoire. Discours; réponse du directoire. Esprit public.

Les Autrichiens, après leur défaite, ayant évacué Riva, et ayant brûlé une partie de la marine qu'ils avaient sur le lac de Garda, se retirèrent derrière la ville de Trente, et laissèrent les Français entièrement maîtres du lac. Le général Wurmser avait transféré, le 2 fructidor, son quartier-général à deux lieues au-delà de la ville de Trente. Les généraux Français firent toutes les dispositions nécessaires pour mettre les divisions de l'armée en état de marcher et de recommencer une nouvelle campagne pour forcer l'empereur à la paix.

L'échange des prisonniers français au pouvoir de l'ennemi s'effectua le 4 fructidor. Le nombre en était de cent soixante-trois officiers, cent soixante-neuf sergens, trois cents soixante caporaux et de seize cents huit soldats, qui furent rendus à la liberté pour combattre l'ennemi avec une nouvelle ardeur.

La division du général Sahuguet bloqua la ville de Mantoue. Les Français attaquèrent à la fois, le 7 fructidor, à trois heures du matin, le pont de Governolo et Borgoforte, pour faire rentrer la garnison dans ses murs. Après une vive canonnade, *Le 7 fructidor, prise de Governolo et de Borgoforte devant Mantoue.*

le général Sahuguet en personne, s'empara du pont de Governolo, dans le tems que le général Dallemagne s'emparait de Bergoforte. Dans cette affaire l'ennemi perdit cinq cents hommes tués, blessés ou prisonniers.

Les demi-galères françaises, étant sorties de Peschiéra, prirent dix grosses barques et deux pièces de canon qui appartenaient aux ennemis. Toutes ces différentes pertes ne servaient qu'à ruiner le parti de l'empereur en Italie.

Buonaparte avait envoyé au directoire exécutif de la France les drapeaux qui avaient été enlevés aux ennemis dans les différentes affaires qui avaient eu lieu. L'aide-de-camp du général divisionnaire Berthier, le citoyen Dutaillis, prononça, le 10 fructidor, le discours suivant :

Citoyens directeurs,

« Vous voyez les étendards arrachés aux ennemis par les républicains en Italie.

» Les Autrichiens, après avoir reçu des renforts considérables, attaquèrent quelques-uns de nos postes et s'en emparèrent. Fiers de ces premières tentatives, ils annoncent à toute l'Italie que bientôt on n'y comptera plus un seul républicain ; mais quatre jours seulement ils connurent les succès. Les Français réunis attaquent à leur tour cette armée un instant victorieuse, formidable par le nombre, et dernier espoir de l'Autriche. En quatre autres jours, elle est entièrement défaite ; et Wurmser, ainsi que Beaulieu, trouvèrent en Italie les braves qui, en 1792, les défirent tous deux à Gemmappe.

» Ces succès, éternellement glorieux, sont dus à la bravoure et à l'intrépidité de nos soldats et aussi aux savantes dispositions et à l'infatigable activité de leur jeune général : nuit et jour à leur tête, partageant leurs dangers, leurs fatigues, leurs privations, il conduit leurs attaques, dirige leur courage et leur ouvre par-tout le chemin de la victoire.

» Citoyens directeurs, nous avons à regretter la perte de braves et intrépides camarades ; mais ils sont morts dignes de la cause sacrée qu'ils défendaient. J'en ai vu au lit d'honneur, sur le champ de bataille, blessés à mort et près d'expirer, arrêter le dernier soupir pour crier à leurs camarades : *Courage ! mes amis, la victoire est à nous.* Un autre, grièvement blessé, porté par ses camarades, et voyant passer le général, suspendit le cri que lui arrachait la douleur, pour faire entendre celui de *Mon général, vive la république !*

» Citoyens directeurs, que ces drapeaux, que ces trophées, scellés du sang républicain soient le gage de l'assurance que la seule et noble ambition de l'armée d'Italie et du général qui la commande, est d'anéantir jusqu'au dernier les ennemis de la république ; et leur plus douce récompense sera d'avoir acquis quelques droits à la reconnaissance nationale. »

Le citoyen Laréveillère-Lépaux était alors président du directoire. Il fit cette réponse :

« C'est avec la joie la plus vive que le directoire exécutif reçoit les trophées de vos victoires.

» L'intrépidité et le dévouement des soldats républicains, le courage et l'habilité des généraux, ont porté la gloire des armes françaises au plus haut degré et affermi pour jamais le Gouvernement républicain. Les prodiges qu'ils ont opérés ont donné de la vraisemblance à ceux qu'on nous raconte de l'antiquité, quoiqu'ils les ont surpassés.

» Puissent tant de constance et de succès forcer un ennemi opiniâtre à renoncer enfin au projet insensé de renverser la république et le rendre accessible à la voix de la paix! La paix, objet constant de nos vœux et de nos travaux! qu'ils apprennent au surplus, les ennemis de la France, que, s'il fallait de nouveaux triomphes pour les y contraindre, ils ne coûteront rien à nos guerriers; ils sauront achever leur ouvrage. Ils feront plus, après avoir donné l'exemple des vertus guerrières dans les camps, ils donneront dans leurs foyers celui des vertus civiques et du respect dû aux loix.

» Braves guerriers, retournez auprès de vos compagnons d'armes; dites-leur que la reconnaissance nationale est égale à leurs services, et qu'ils peuvent compter sur la gratitude de leurs concitoyens, autant que sur l'admiration de la postérité. »

Pendant que les preuves de la bravoure des Français se déposaient au directoire, Buonaparte s'occupait à s'assurer des esprits des Tiroliens. Auparavant que les armées françaises entrassent dans cette contrée, il adressa aux habitans, le 13 fructidor, la proclamation suivante, du quartier général de Brescia :

« Vous sollicitez la protection de l'armée française; il faut vous en rendre dignes. Puisque la majorité d'entre vous est bien intentionnée, contraignez ce petit nombre d'hommes opiniâtres à se soumettre : leur conduite insensée tend à attirer sur leur patrie les fureurs de la guerre.

» La supériorité des armes françaises est aujourd'hui constatée. Les ministres de l'empereur, achetés par l'or de l'Angleterre, le trahissent : ce malheureux prince ne fait pas un pas qui ne soit une faute.

» Vous voulez la paix ; les Français combattent pour elle. Nous ne passons sur votre territoire que pour obliger la Cour de Vienne à se rendre au vœu de l'Europe désolée et d'entendre les cris de ses peuples. Nous ne venons pas ici pour nous agrandir : la nature a tracé nos limites au Rhin et aux Alpes, dans le même tems qu'elle a posé au Tirol les limites de la maison d'Autriche.

» Tiroliens, quelle qu'ait été votre conduite passée, rentrez dans vos foyers ; quittez les drapeaux tant de fois battus, et impuissans pour les défendre. Ce n'est pas quelques ennemis de plus que peuvent redouter les vainqueurs des Alpes et d'Italie ; mais c'est quelques victimes de moins que la générosité de ma nation m'ordonne de chercher à épargner. Nous nous sommes rendus redoutables dans les combats ; mais nous sommes les amis de ceux qui nous reçoivent avec hospitalité.

» La religion, les habitans, les propriétés des communes qui se soumettront, seront respectés.

» Les communes dont les compagnies

de Tiroliens ne seraient pas rentrées à notre arrivée, seront incendiées; les habitans seront pris en ôtage et envoyés en France. Lorsqu'une commune sera soumise, les syndics seront tenus de donner à l'heure même la note de ceux des habitans qui seraient à la solde de l'empereur : et s'ils font partie des compagnies tiroliennes, on incendiera sur-le-champ leurs maisons, et on arrêtera leurs parens jusqu'au troisième degré, lesquels seront envoyés en ôtage. Tout Tirolien, faisant partie des compagnies franches, pris les armes à la main, sera sur-le-champ fusillé.

» Les généraux de division sont chargés de la stricte exécution du présent arrêté. »

Le général Wurmser, après ses échecs, s'était retiré dans un pays rempli de positions extrêmement avantageuses, et faisait des dispositions pour réparer les pertes qu'il avait faites; mais Buonaparte à qui il avait affaire et qui savait tirer parti des victoires qu'il remportait, fit passer l'Adige au pont de Golo, le 16 fructidor, à la division commandée par le général

Massena. Cette division suivit le grand chemin du Tirol, et arriva le 17 à Alla. Le même jour, à deux heures après midi, la cavalerie française ayant attaqué les avant-postes autrichiens, sabra les ennemis et s'empara de six chevaux. Le général Pigeon, commandant l'infanterie légère de la division du général Massena, donna, le 17 au soir, avis au général en chef, que l'ennemi tenait en force le village de Seravolle. Il reçut et exécuta l'ordre d'attaquer. Il força l'ennemi, et lui fit trois cents prisonniers.

La division du général Augereau partit de Véronne dans le même tems, et se porta sur les hauteurs qui séparent les Etats de Venise et du Tirol.

La division du général Vaubois partit aussi dans le même tems de Staro, à la gauche du lac de Garda. Son avant-garde arriva à Torgole, où elle fut jointe par la brigade du général Guieux qui s'était embarquée à Salo sur le lac de Garda ; son avant-garde, commandée par le général de brigade Saint-Hilaire, culbuta l'ennemi qu'il rencontra au pont de la Sarca, lui fit cinquante prisonniers.

<small>Le 18 fructidor, l'ennemi chassé de Santo-Marco, de Pieve, du château de la Pietra. Bataille de Roveredo.</small> Une division de l'ennemi gardait les défilés inexpugnables de Santo-Marco; une autre division, au-delà de l'Adige, gardait le camp retranché de Mori. Le général Pigeon, le 17 à la pointe du jour, avec une partie de l'infanterie légère gagna les hauteurs de la gauche de Santo-Marco; l'adjudant-général Sornet, à la tête de la dix-huitième demi-brigade d'infanterie légère, attaqua l'ennemi en tirailleurs; le général de brigade Victor, à la tête de la dix-huitième demi-brigade d'infanterie de bataille, en colonne serrée par bataillons, perça par le grand chemin. La résistance de l'ennemi fut long-tems opiniâtre. Au même instant, le général Vaubois ayant attaqué le camp retranché de Mori, après deux heures d'un combat très-vif, l'ennemi plia par-tout. L'aide-de-camp du général en chef, le citoyen Marois porta l'ordre au général Dubois de faire avancer le premier régiment de hussards, et de poursuivre vivement l'ennemi. Ce général se mit lui-même à la tête des

hussards, et décida l'affaire; mais il reçut trois balles qui le blessèrent mortellement. Un de ses aides-de-camp fut, dans le même tems, tué à ses côtés. Buonaparte trouva un instant après ce général expirant : *Je meurs pour la république*, lui dit-il ; *faites que j'aie le tems de savoir si la victoire est complète.* Il mourut après avoir prononcé ces dernières paroles.

La colonne du général Augereau, partie de Véronne pour marcher sur la droite, tint en échec un corps ennemi qui allait à Bassano, et couvrit la droite de la division du général Massena.

L'ennemi se retira à Roveredo. Le général de brigade Rampon reçut ordre de passer avec la trente-deuxième demi-brigade entre cette ville et l'Adige. Le général Victor, pendant ce tems, entra au pas de charge dans la grande rue. L'ennemi se replia encore, en laissant une grande quantité de morts et de prisonniers. Pendant ce tems, le général Vaubois força le camp retranché de Mori, et poursuivit l'ennemi sur l'autre rive de l'Adige. L'ennemi battu de tous côtés, profitait des difficultés du pays pour tenir tête à tous les défilés, et exécuter sa retraite sur Trente. Jusqu'alors on n'avait fait que mille prisonniers et on n'avait pris que trois pièces de canon.

Le général Massena voulut donner un moment de repos à sa division. Il fit rallier toutes les demi-brigades, et pendant ce tems, Buonaparte et Massena, à la tête de deux escadrons de cavalerie, allèrent reconnaître les mouvemens de retraite de l'ennemi. Il s'était rallié en avant de Calliano, pour couvir Trente et donner le tems à son quartier-général d'évacuer cette ville. Battus toute la journée, les Autrichiens avaient devant Calliano une position inexpugnable. L'Adige trouche presque à des montagnes à pic, et forme une gorge qui n'a pas quarante toises de largeur, fermée par un village, le le château élevé de la Pietra, et une bonne muraille qui joint l'Adige à la montagne; les Autrichiens y avaient placé toute leur artillerie. Il fallut de nouvelles dispositions: le général Dommartin fit avancer huit pièces d'artillerie légère pour commencer
la

la canonnade. Il trouva une bonne position d'où il prit la gorge en écharpe. Le général Pigeon passa avec l'infanterie légère sur la droite ; trois cents tirailleurs se jetèrent sur les bords de l'Adige pour commencer la fusillade, et trois demi-brigades en colonne serrée, et par bataillons, l'arme au bras, passèrent le défilé. L'ennemi ébranlé par le feu de l'artillerie, par la hardiesse des tirailleurs, ne résista pas à la masse des colonnes françaises ; il abandonna l'entrée de la gorge. La terreur s'étant communiquée dans toute sa ligne, il prit la fuite, et fut poursuivi par la cavalerie.

L'aide-de-camp de Buonaparte, le citoyen Marois, capitaine, à la tête de cinquante hussards, ayant voulu gagner la tête et arrêter toute la colonne ennemie, la traversa et fut lui-même enveloppé ; il fut jeté par terre et blessé de plusieurs coups. Une partie de l'armée ennemie lui marcha sur le corps, et il reçut plusieurs blessures dont aucune ne fut mortelle. Le chef de brigade du premier régiment fut tué. Le citoyen Bessières, capitaine de la compagnie des guides, ayant vu deux pièces de canon sur le point de s'échapper, s'élança avec cinq ou six guides, et arrêta les pièces malgré les efforts des ennemis.

Six à sept mille prisonniers, outre un grand nombre d'ennemis tués ou blessés, vingt-cinq pièces de canon, cinquante caissons et sept drapeaux enlevés aux ennemis, furent les fruits de la bataille de Rovéredo, une des plus heureuses de la campagne.

<small>Le 17 fructidor, prise de Trente et de Lavis.</small> Le général Massena entra dans Trente le 19 fructidor an 4; le général Wurmser avait quitté cette ville la veille, pour se réfugier du côté de Bassano.

Lorsque Buonaparte fut arrivé dans la ville de Trente, il fit publier cet arrêté, portant Réglement pour l'administration de cette ville, dont les dispositions contenaient :

Art. Ier. Le conseil de Trente, appelé ci-devant conseil aulique, continuera toutes les fonctions civiles, juridiques et politiques, que lui accordent les usages et le Gouvernement du pays.

II. Toutes les attributions que l'empereur conservait sur la principauté de Trente, seront conférées au conseil de Trente.

III. Les receveurs du prince, de quelque nom que ce soit, et de quelque nature que soit l'imposition directe ou indirecte, rendront compte au conseil de Trente.

IV. Le conseil de Trente rendra compte à la république, de tous les revenus du prince et de l'empereur ; il veillera, en conséquence, à ce que rien ne soit distrait.

V. Tous les actes se feront au nom de la république française.

VI. Le conseil de Trente prêtera serment d'obéissance à la république, et le fera prêter à toutes les autorités civiles et politiques du pays.

VII. Tous les étrangers, de quelques pays qu'ils soient, qui auraient des emplois publics, seront obligés de quitter les Etats Trentins dans les vingt-quatre heures. Le conseil de Trente les remplacera par des naturels du pays.

VIII. Tous les chanoines de Trente qui ne sont pas natifs de Trente, sortiront sur-le-champ de son territoire. Les chanoines de Trente se réuniront et nommeront aux places vacantes par une liste triple qui sera présentée au général en chef, qui choisira.

IX. Le général commandant la place tiendra lieu de capitaine de la ville.

X. Le conseil de Trente est chargé de l'exécution du présent ordre, sur sa responsabilité.

Le général Vaubois, avec sa division, marcha aussitôt à la poursuite de l'ennemi. Son arrière-garde, s'étant retranchée à Lavis, derrière la rivière de Lavisio, gardait le débouché du pont qu'il fallait passer. Le général Dallemagne, à la tête de la vingt-cinquième demi-brigade, passa, non sans beaucoup de peine, sous le feu de l'ennemi retranché dans le village. Le général Murat passa au gué à la tête d'un détachement du dixième régiment de chasseurs qui portèrent un nombre égal de fantassins pour poursuivre l'ennemi. L'adjudant-général Leclerc avec trois chasseurs, et le citoyen Desaix, chef de brigade des Allobroges, accompagné de douze carabiniers ou grenadiers, s'étant embusqué à une demi-lieue en avant, parvint à tourner l'ennemi; la cavalerie ennemie qui se sauvait au galop se trouva tout-à-coup arrêtée. L'adjudant-général Leclerc fut légèrement blessé de quelques coups de sabre. Les ennemis cherchèrent à s'ouvrir un passage; mais les douze carabiniers, secondés des trois chasseurs, croisèrent les bayonnettes, et formèrent un rempart inexpugnable. Ils firent prisonniers cent hussards de Wurmser avec leurs guidons, et trois cents hommes d'infanterie. Un plus grand nombre eût été fait prisonniers, si l'obscurité de la nuit n'eût pas été cause qu'il s'en sauva beaucoup.

Les divisions de l'armée d'Italie rivalisaient entr'elles d'intrépidité. Les généraux, officiers et soldats étaient tous animés d'un desir ardent de concourir à l'affermissement de la république. Ce desir les portait à ne redouter ni le nombre des ennemis ni la vue des plus grands dangers. A la voix de Buonaparte, tous les obstacles disparaissaient ; on affrontait les périls, la mort même, pour assurer la gloire et le triomphe des armes françaises, et pour forcer l'opiniâtreté des puissances en guerre, non-seulement à rabattre de leurs prétentions, mais encore à recevoir les loix des vainqueurs.

Le 21 fructidor, prise du camp retranché de Primolan et du fort de Covelo.

La division du général Augereau se rendit, le 20 fructidor, à Borgo pour poursuivre la route de la Brenta sur Bassano. La division du général Massena s'y rendit également par Trente et Levico. Une colonne ennemie était dans les gorges de Bassano à Trente, pour arrêter les Français ; un autre corps se portait sur V -

ronne dans le dessein de faire évacuer le pays de Trente. Arrivés à Primolan, les Français trouvèrent l'ennemi derrière un retranchement formé par un mur épais et solide, qui coupe la vallée très-étroite et resserrée entre des rochers escarpés, ayant sa gauche appuyée à la Brenta, et sa droite à ces rochers. Après une vive résistance, cette position fut enlevée à l'ennemi par l'avant-garde du général Augereau, qui fit quatre cents prisonniers. Arrivé au château de Covelo, l'ennemi se rallia et prit une position plus forte que la première. Le fort de Covelo, barrant le chemin, est appuyé à sa droite par un rocher escarpé de plusieurs cents pieds de hauteurs, et sa gauche au précipice dans lequel coule la Brenta. Le jeu de l'artillerie et les braves soldats, dirigés par le général Augereau, gravissant les rochers, forcèrent l'ennemi à abandonner ce poste. Dès que la porte du fort fut enfoncée, la cavalerie déboucha et chargea l'ennemi avec impétuosité, sabrant tout ce qu'elle rencontra. A Cismone, les débris de l'ennemi profitant d'une position avantageuse, voulurent faire encore quelque résistance; la cavalerie continua de charger, et, gagnant la tête de la colonne ennemie, elle la traversa au galop, en sabrant tout ce qui se présenta à elle. Elle s'arrêta près du village de Merlo, à dix mille de Bassano. Outre un grand nombre d'ennemis tués ou blessés, on fit quatre mille prisonniers; on s'empara de dix canons, de quinze caissons et de neuf drapeaux. Les fatigues des marches forcées et des combats continuels engagèrent à faire passer à la troupe la nuit à Cismone.

Une marche rapide et inattendue, de vingt lieues en deux jours, par l'armée française, déconcerta entièrement l'ennemi. Il avait espéré que les Français se rendraient sur Inspruck; en conséquence, une colonne avait été envoyée sur Véronne pour menacer cette place, et faire craindre pour les derrières de l'armée française. Le dessein du général Wurmser était de couper cette armée, et il le fut lui même.

Partie de Cismone, le 22 fructidor, à deux heures du matin, l'armée française avait encore dix mille à faire dans les gorges avant de déboucher à Bassano. Arrivée à Solagna, l'armée française rencontra un corps de troupes ennemies qui occupait les gorges à droite et à gauche de la Brenta à Solagna.

Buonaparte en ayant été informé à Caste-Nello, fit passer le général Massena et plusieurs demi-brigades à la rive droite de la Brenta. Le général Augereau, avec sa division, marcha par la rive gauche. L'ennemi occupait une forte position à la rive droite ; le combat commença à sept heures du matin ; les Autrichiens furent par-tout mis en déroute. La quatrième demi-brigade l'ayant tourné par des rochers, praticables seulement pour des Français, s'empara de quatre pièces de canon et fit deux mille prisonniers. Le général Augereau battit également l'ennemi à la rive droite. Ce point ayant été forcé, l'armée continua à suivre les gorges jusqu'au débouché de la plaine de Bassano.

Le 22 fructidor, bataille de Bassano.

La colonne de droite gagna au pas de course les hauteurs qui, à la droite de la

Brenta, se prolongent jusques sur le faubourg de Bassano. Le général en chef s'y porta lui-même ; il ordonna à l'infanterie légère de courir pour s'en emparer ; ce qui fut exécuté au moment où l'ennemi, qui en sentait l'importance, y arrivait.

Après une fusillade assez vive, la charge fut battue ; l'ennemi fut culbuté et traversa le pont avec les colonnes françaises, qui entrèrent avec lui dans Bassano. La colonne du général Augereau ayant trouvé la plus grande partie des forces de l'ennemi dans la plaine en avant de Bassano, se déploya et manœuvra avec cette prudence et cette intrépidité qui fixent la victoire. Il employa le peu de cavalerie qu'il avait avec un tel avantage, qu'il culbuta l'ennemi et entra au pas de charge dans Bassano, en même tems que la colonne de droite, commandée par le général Massena, dont les troupes, une partie à la course et une partie en colonne serrée, foncèrent sur les pièces qui défendaient le pont de la Brenta, enlevèrent ces pièces, passèrent le pont et pénétrèrent dans la ville malgré les efforts des bataillons de grenadiers, qui étaient l'élite de l'armée autrichienne, et qui avaient été chargés de protéger la retraite du quartier-général. L'ennemi, qui ne s'attendait pas à cette rapidité de mouvemens et de succès, fut mis dans une déroute complète. La cavalerie chargea jusqu'à Citadella, à huit milles de Bassano.

Le résultat de cette brillante journée donna six mille prisonniers, cinq drapeaux, vingt pièces de canon de régiment, vingt-cinq pièces de parc, un équipage complet de pontons, deux cents fourgons tous attelés, et des magasins immenses à Bassano. Il ne s'en fallut que d'un instant pour qu'on s'emparât du général Wurmser et du trésor de son armée. Il fut mis à sa poursuite une escouade de la compagnie des guides de Buonaparte, qui le poursuivit vivement, mais qui ne put venir à bout de le prendre.

Les Français avaient livré en six jours deux batailles et quatre combats, et avaient pris à l'ennemi vingt-un drapeaux, seize mille prisonniers, parmi lesquels plusieurs généraux; le reste avait été tué, blessé ou éparpillé. Les Français, toujours en se battant dans des gorges inexpugnables, avaient fait plus de quarante-cinq lieues, avaient pris soixante-dix pièces de canon avec leurs caissons, leurs attelages, une grande partie du grand parc de l'armée et des magasins considérables répandus sur toute la ligne qu'ils avaient parcourue.

Une colonne de l'ennemi, forte d'environ six à sept mille hommes, dont près de trois mille de cavalerie, se porta sur Véronne, dont Buonaparte avait fait garnir les remparts d'artillerie, et où il avait laissé le général de division Kilmaine. L'ennemi fut repoussé par le feu de l'artillerie toutes les fois qu'il se présenta pour essayer de pénétrer dans cette place importante. Cette colonne n'ayant pu réussir à prendre Véronne, se retira ensuite à la hâte sur Vicence et Padoue. Le général Wurmser, après avoir été obligé d'abandonner Bassano, après s'être porté, avec les débris de deux bataillons de grenadiers, à Montebello, avait rejoint cette division, qu'il avait fait marcher sur Véronne.

La division du général Augereau se rendit le 23, de Citadella à Padoue, pour couper la retraite au général Wurmser. Elle ramassa les débris des bagages de l'armée autrichienne, et quatre cents hommes qui les escortaient. La division du général Massena, pour suivre les mouvemens de l'ennemi, se porta également, par la rive droite de la Brenta, entre Vicence et Padoue. Le général Wurmser ayant appris, le 23 au soir, l'arrivée de la division du général Massena à Vicence, vit qu'il n'avait plus un moment à perdre. Se trouvant entre l'Adige et la Brenta, il lui fut impossible de franchir la Brenta, le passage lui en étant fermé par deux divisions de l'armée française; il ne lui resta d'autres ressources que de se jeter dans Mantoue. Il fila toute la nuit le long de l'Adige, qu'il passa à Porto-Legnago. La division du général Massena passa l'Adige à Ronco, le 24 au soir, dans le tems que la division du général Augereau marchait de Padoue sur Porto-Legnago, ayant bien soin d'éclairer sa gauche pour que l'ennemi ne cherchât pas à se sauver par Castel-Baldo.

L'ordre fut donné le 25, à la pointe du jour, à la division du général Massena, de se porter à Sanguinetto, afin de fermer le passage au général Wurmser. Le général Sahuguet, avec une brigade, se porta à Castellaro, et eut ordre de couper tous les ponts sur la Molinella.

Le 25 fructidor, combat de Cerea, où les Français ont le dessous.

Il y a deux chemins pour se rendre de Ronco à Sanguinetto; l'un qui part de Ronco, passe par la gauche en suivant l'Adige, et rencontre le chemin de Porto-Legnago à Mantoue; le second conduit directement de Ronco à Sanguinetto : c'était celui qu'il fallait prendre, ce fut celui qu'on ne prit pas; on prit le premier. Le général Murat, à la tête de quelques centaines de chasseurs, étant arrivé à Cerea, rencontra la tête de la division du général Wurmser et culbuta plusieurs escadrons de cavalerie. Le général Pigeon, commandant l'avant-garde du général Massena, sentant la cavalerie engagée, se précipita avec son infanterie légère pour la soutenir. Il passa le village et s'empara du pont sur lequel l'ennemi devait passer. Le corps de la division du général Massena était encore éloigné. Après un moment d'étonnement et d'alarme donné à la division de Wurmser, ce général fit ses dispositions, culbuta l'avant-garde des Français, reprit le pont et le village de Cerea. Dès le premier coup de canon qui fut entendu, le général Buonaparte s'y était porté, mais il n'était plus tems, et l'ennemi, qui, selon toutes les apparences, devait ce jour-là être obligé de poser les armes et de se rendre prisonnier, échappa. L'avant-garde fut ralliée, et on la fit retourner à demi-chemin de Ronco à Cerea. On trouva le lendemain, sur le champ de bataille, plus de cent hommes tués de l'ennemi. On lui fit deux cents cinquante prisonniers. On fut redevable au courage du huitième bataillon de grenadiers, et au sang-froid du général de brigade Victor, d'être sorti à si bon marché d'un combat aussi inégal.

Le général Wurmser fila toute la nuit du 25 au 26 sur Mantoue avec une telle rapidité, qu'il arriva le lendemain de bonne heure à Nogara. Ayant appris que les ponts de la Molinella étaient coupés,

Le 26 fructidor, combat de Castellaro.

et qu'une division française l'attendait à Castellaro, il sentit qu'il ne devait pas essayer de forcer Castellaro, vu que, dès la pointe du jour, les Français s'étaient mis à sa poursuite. On espéra encore le trouver se battant avec le général Sahuguet; mais ce général n'ayant pas coupé le pont de Villa-Impenta sur la Molinella, à une lieue de sa droite, le général Wurmser fila par cet endroit. Dès l'instant que le général Sahuguet fut informé de son passage, il envoya quelques chasseurs pour le harceler et retarder sa marche; mais il y avait trop peu de monde pour pouvoir réussir. Le général Charton, avec cinq cents hommes, fut enveloppé par un régiment de cuirassiers. Au lieu de se porter dans les fossés, ces troupes voulurent payer d'audace et charger les cuirassiers; mais, après une vigoureuse résistance, ils furent enveloppés. Le général Charton fut tué dans ce combat, et cinq cents hommes furent faits prisonniers, parmi lesquels il y eut le chef de brigade Dugoulot, chef de la douzième demi-brigade d'infanterie légère.

Arrivé

Arrivé devant Porto-Legnago, le 24 thermidor, le général Augereau investit la place. Le général Massena y envoya la brigade du général Victor, pour l'investir du côté de l'Adige. Après quelques pour parlers, le commandant de la garnison de Porto-Legnago offrit la capitulation suivante, à laquelle le général Augereau donna de suite ses réponses :

Le 27 fructidor, prise de Porto-Legnago.

« *Demande*. La garnison autrichienne demande de sortir libre, avec les honneurs de la guerre.

» *Réponse*. La garnison autrichienne sortira de la place avec les honneurs de la guerre, et sera envoyée prisonnière en France.

» *D*. De garder tous les drapeaux, canons, munitions et armes quelconques, avec chariots, chevaux et trains.

» *R*. Les drapeaux, canons, munitions et armes quelconques, avec chariots, chevaux et trains, seront remis à l'armée française.

» *D*. Tous les bagages et chevaux, tant

appartenans aux officiers qu'aux communs.

» R. Tous les bagages et chevaux appartenans tant aux officiers qu'aux communs, leur seront rendus.

» D. D'être conduite au premier poste autrichien.

» R. Les officiers seuls seront, sur leur parole, conduits où bon leur semblera.

» D. Qu'il soit fourni, pendant la marche, logement, vivres et fourrage.

» R. Accepté.

» D. Que les officiers et communs malades soient compris dans la capitulation, et après leur guérison d'être conduits sous sauve-garde à leur destination.

» R. Les officiers et communs malades jouiront des mêmes conditions que les autres.

» D. De permettre que l'on puisse d'abord donner avis de la reddition de la place au général commandant en chef, feld-maréchal comte de Wurmser.

» R. On pourra donner avis de la reddition de la place au général commandant en chef ; mais ce ne sera qu'après avoir été consommée ».

Le général Augereau, en renvoyant la capitulation au commandant autrichien, lui écrivit :

« Je viens de recevoir, monsieur, les conditions auxquelles vous offrez de capituler, et je vous envoie ma réponse à chaque article. Vous verrez que je n'abuse pas de mes avantages ; mais il est bon de vous avertir qu'il est inutile de chicaner là-dessus, et que ce que je vous propose est irrévocable. Je n'attends pas votre dernière réponse au-delà d'une demi-heure ».

La place de Porto-Legnago fut rendue le 27 fructidor. La garnison, forte de seize cents soixante-treize hommes, fut prisonnière de guerre. On trouva dans cette place vingt-deux pièces de canon, qui étaient toutes attelées, ainsi que leurs caissons, et les cinq cents Français que le général Wurmser avait fait prisonniers au combat de Cerea, et qui furent délivrés par ce moyen.

La division du général Massena partit le 28, à la pointe du jour, de Castellaro, et se porta sur Mantoue par la route de Duecastelli, afin d'obliger l'ennemi à rentrer dans la place, en s'emparant du faubourg Saint-George. Le combat s'engagea à midi, et il fut encore engagé trop promptement. La cinquième demi-brigade se trompa de chemin et n'arriva pas à tems. La nombreuse cavalerie ennemie étonna l'infanterie légère française ; mais la trente-deuxième demi-brigade soutint le combat jusqu'à la nuit. Les Français restèrent maîtres du champ de bataille, éloigné de deux milles du faubourg Saint-George. Le général Sahuguet, après avoir investi la citadelle, se porta sur la Favorite. Il avait déjà obtenu les plus grands succès et avait pris à l'ennemi trois pièces de canon ; mais il fut obligé de prendre une position en arrière et d'abandonner l'artillerie qu'il venait de prendre à l'ennemi.

Les hullans, les hussards et les cuirassiers ennemis, fiers de ces succès, inondaient la campagne. Le général Massena leur fit tendre des embuscades qui obtinrent un succès d'autant plus heureux, qu'elles mirent aux prises l'infanterie légère avec eux. On en tua ou prit environ cent cinquante. Les cuirassiers ne furent pas à l'abri des coups de fusil, et l'ennemi eut au moins trois cents blessés.

Le général Massena avait montré, dans les petits échecs que les Français avaient éprouvés, beaucoup de fermeté à rallier sa troupe et à la reconduire au combat. Le général Kilmaine, à la tête du vingtième régiment de dragons, avait contenu l'ennemi et avait rendu par-là un grand service. Ces petits combats, qui n'étaient que des escarmouches, avaient donné beaucoup de confiance à l'ennemi. Il était nécessaire d'accroître cette confiance par tous les moyens possibles, parce qu'il ne pouvait y avoir rien de plus heureux que de porter l'ennemi à engager une affaire sérieuse hors de ses remparts.

Le général Massena prit, dans la nuit du 28 au 29 fructidor, une position en arrière. Le lendemain, à la pointe du jour, on apprit que les ennemis avaient fait sortir presque toute leur garnison, pour défendre la Favorite et le faubourg Saint-George, et se conserver par-là les moyens d'avoir des fourrages pour nourrir leur nombreuse cavalerie.

Le 29 fructidor, bataille de St.-George.

Le général Bon, commandant provisoirement la division du général Augereau qui était malade, arriva le 29, à deux heures après midi, de Governolo, longeant le Mincio, et attaqua l'ennemi placé en avant de Saint-George, sur la gauche des Français. Le général la Salcette se porta pour couper la communication de la Favorite à la Citadelle ; le général Pigeon passant par Villa-Nova, alla pour tourner une plaine où la cavalerie ennemie pouvait manœuvrer, et pour couper les communications de la Favorite à Saint George.

Lorsque ces différentes attaques furent commencées ; le général Victor avec la dix-huitième demi-brigade de bataille en colonne serrée par bataillon, marcha droit à l'ennemi. La trente-deuxième demi-brigade, soutenue par le général Kilmaine, à la tête de deux régimens de cavalerie, marcha par la droite, pour acculer les ennemis et les pousser du côté où était le général Pigeon. Le combat s'engagea de tous côtés avec beaucoup de vivacité ; le huitième bataillon des grenadiers, placé à l'avant-garde et conduit par l'adjudant-général le Clerc et l'aide-de-camp du général en chef, le citoyen Marmont, fit des prodiges de valeur.

La quatrième demi-brigade de bataille, qui avait commencé le combat sur la gauche, attira la principale attention de l'ennemi qui se trouva percé par le centre, et Saint-George fut enlevé. Un escadron de cuirassiers chargea un bataillon de la dix-huitième demi-brigade, qui le reçut bayonnette en avant, et fit prisonniers tous ceux qui survécurent à cette charge.

On fit dans cette bataille deux mille prisonniers, parmi lesquels se trouvèrent un régiment entier de cuirassiers, et une division de houlans. L'ennemi perdit deux mille cinq cents hommes au moins en tués et blessés ; on lui prit vingt-cinq pièces de canon avec leurs caissons tout attelés.

Il se trouva, du côté des Français, parmi les blessés, dans les journées des 28 et 29, le général Victor, le général Bertin, le général Saint Hilaire, le général Mayer blessé en allant au secours d'un soldat chargé par un cuirassier ennemi ; le général Murat blessé légèrement, le chef de brigade Lasnes, le chef de bataillon Talland, le chef de brigade du dixième régiment de chasseurs à cheval, l'adjudant-général le Clerc, et plusieurs autres dont aucun ne fut blessé dangereusement.

La bataille de Saint-George fit perdre à-peu-près à la garnison de Mantoue les cinq mille hommes dont elle avait été renforcée par les troupes que le général Wurmser y avait fait entrer avec lui. Quant à la cavalerie, ce fut un surcroit d'embarras et de consommation. La tête du pont de Saint-George, qui conduit à Mantoue, resta au pouvoir des Français.

L'ennemi après une déroute complète rentra dans Mantoue avec les débris qu'il put sauver. La terreur fut dans la ville de

Mantoue où Wurmser s'enferma. Un mouvement vers Seraglio devait renfermer Wurmser et tout ce qui restait de l'armée autrichienne en Italie dans les murs de cette place, qui devait être bloquée de manière à ce que rien n'y pût entrer.

Depuis le 16 Fructidor, les Français n'avaient pas cessé de se battre ; toujours les mêmes hommes contre des troupes fraîches et nouvelles. L'armée qu'ils venaient presque de détruire était formidable. Il paraissait qu'elle avait eu des projets hostiles ; mais elle avait été prévenue et surprise dans le tems où elle faisait son mouvement. Buonaparte avait entrepris tout ce que la prudence pouvait inspirer pour cerner Wurmser, et le forcer à se rendre prisonnier avec le reste de son armée. Il est certain que, si le pont de Villa-Impenta se fût trouvé coupé, si les guides eussent mieux dirigé la **route de Ronco à Sanguinetto**, les débris de l'armée autrichienne, avec le général, eussent été contraints à mettre bas les armes; il est certain que la campagne eût été finie dès ce moment, parce que cela aurait amené la capitulation de Mantoue ; parce que le peu de troupes autrichiennes qui avaient été laissées dans le Tirol et dans le Frioul, après en avoir été chassées par les Français, le sort de l'Italie eût été décidé.

La garnison de Mantoue, renforcée par les troupes que Wurmser y avait conduites, et par sa présence, obligeait les Français à rester devant elle. Pour que cette place fût réduite, il fallait que toutes les communications avec les environs fussent fermées ; il fallait qu'elle fût amenée aux plus grandes extrémités du besoin, qui ne devaient pas être long-tems à se faire sentir dans une ville qui n'avait pas assez de munition de bouche, relativement à la nombreuse garnison qu'elle renfermait ; Il fallait, enfin, que cette forteresse fut forcée à se rendre par la famine ; et ce fut le plan que suivit Buonaparte.

Tant que Mantoue, qui était le seul espoir de l'empereur dans l'Italie, ne serait pas rendue, Buonaparte croyait bien que ce prince ne négligerait rien pour parvenir aux moyens de la faire débloquer. C'est ce qui fut cause que ce général se mit sur ses gardes, et prit toutes les précautions pour accélérer le moment de sa reddition. Après la bataille de Saint-George, Buonaparte chercha à attirer le général Wurmser dans une seconde affaire, afin d'affaiblir par ce moyen sa garnison. Il ne voulut pas occuper le Serarglio, parce qu'il espérait qu'il s'y répandrait. On continua seulement à occuper le pont de Governolo, afin de faciliter le passage de Mincio.

L'ennemi se porta, le quatrième jour complémentaire, avec quinze cents hommes de cavalerie à Castellocio. Les grand'-gardes à son approche se replièrent, suivant l'ordre qu'elles en avaient ; mais l'ennemi s'arrêta et ne passa pas outre. L'ennemi se porta, le 2 vendémiaire, sur Governolo, en suivant la rive droite du Mincio. Il fut mis en déroute, après une vive canonnade et après avoir été plusieurs fois chargé par l'infanterie française. On leur fit onze cents hommes prisonniers, et on lui prit cinq canons et des caissons tout attelés. *Le 2 vendémiaire an 5, déroute des Autrichiens à Governolo.*

Le général Kilmaine, préposé au commandement des deux divisions qui assiégeaient Mantoue, resta dans ses mêmes positions jusqu'au 8 vendémiaire, espérant toujours que l'ennemi, porté par l'envie de faire entrer des fourrages, dont il manquait, chercherait à sortir; mais l'ennemi s'était campé à la Chartreuse, devant la porte Pradella, et à la chapelle, devant la porte de Cerèze. Le général Kilmaine, ayant fait ses dispositions d'attaque, se porta par plusieurs points sur ces deux camps, que l'ennemi évacua à son approche, après une légère fusillade d'arrière-garde.

Le blocus de Mantoue étant achevé par la prise des postes de Pradella et Cerèze, cent cinquante hommes de la garnison étant sortis, le 8 vendémiaire, de la place à dix heures du matin, passèrent le Pô à Borgorforte pour chercher des fourrages. Ce détachement, se trouvant par-là séparé de Mantoue, chercha à se retirer à Florence. Aussitôt qu'il fut arrivé à Reggio, les habitans en furent instruits. Ils coururent aux armes pour empêcher de passer ce détachement, ce qui l'obligea de se retirer dans le château de Montechiarugolo, dans les Etats du duc de Parme. Les habitans de Reggio les ayant poursuivis, les investirent et les firent prisonniers par capitulation. Dans la fusillade qui eut lieu, les habitans de Reggio eurent deux hommes tués, et qui furent les premiers qui versèrent leur sang pour la liberté de leus pays.

Il y avait entre la citadelle de Mantoue et les postes Français des meules de foin. Les Français y ayant mis le feu, l'ennemi en fut inquiété. Il fit une sortie dans le dessein de se procurer du bois et des fourrages. Il vint par la route de la citadelle à Soave, et attaqua le château de Prada que le chef de bataillon Dislons défendait à la tête de trois cents hommes de la soixante-neuvième demi-brigade. On envoya pour renforcer ce poste un bataillon de la onzième demi-brigade et une pièce de canon. Lorsque ce renfort fut arrivé, l'ennemi fut mis en déroute et poursuivi jusque sur les glacis de la citadelle. Les Français firent environ deux cents prisonniers, et tuèrent quinze hommes et des chevaux.

Le général Buonaparte ayant envoyé à Paris son aide-de-camp, le citoyen Marmont, chef de brigade d'artillerie, pour présenter au directoire les drapeaux pris sur les ennemis par l'armée d'Italie; cet officier eut une audience publique le 10 vendémiaire. Ayant été présenté au directoire par le ministre de la guerre, ce ministre prononça le discours suivant, en présence d'un grand nombre de citoyens :

« Citoyens directeurs,

« L'armée d'Italie, toujours triomphante, vous présente les trophées de ses nouvelles victoires.

« Les ennemis, vaincus à Castiglione, avaient reçu des renforts considérables ; ils préparaient en silence une nouvelle attaque, avec l'espoir de réparer leurs défaites ; mais ils étaient attendus par une armée accoutumée à vaincre, et la bataille de Saint-George, a mis un dernier terme à leurs efforts.

» La postérité croira avec peine au témoignage de l'histoire, lorsqu'elle apprendra que, dans le cours d'une seule campagne, l'Italie entière a été conquise; que trois armées ont été successivement détruites; que plus de cinquante drapeaux sont restés entre les mains des vainqueurs; que quarante mille Autrichiens ont déposé les armes; enfin, que trente mille Français et un guerrier de vingt-cinq ans ont opéré tous ces prodiges.

» L'armée d'Italie n'a plus de triomphes à obtenir; elle a rempli la plus glorieuse et la plus étonnante carrière. Qu'elle renvoie donc la victoire aux armées du Rhin, et qu'un ennemi, trop prompt à s'enorgueillir de quelques avantages éphémères, apprenne bientôt que les Français sont partout les mêmes, et que, lorsqu'ils combattent pour la liberté, rien ne peut résister à leur courage ».

Après que le ministre de la guerre eut

prononcé ce discours, l'aide-de-camp du général Buonaparte prononça le suivant :

Citoyens directeurs,

« L'armée d'Italie, après avoir conquis la plus belle contrée de l'Europe, n'avait pas fait assez pour sa patrie et pour sa gloire ; ses phalanges guerrières devaient, avant de se livrer au repos, anéantir l'ennemi qui lui restait à combattre.

» Une expédition est projetée : la sagesse des dispositions, l'infatigable contenance des troupes, la confiance entière de chaque soldat dans le général qui le commande, tout promet un heureux succès. L'armée part ; elle renverse tout ce qui s'oppose à sa marche ; et, pour la première fois depuis l'existence de la nation, les Français voient les sources de la Brenta et pénètrent dans l'antique ville de Trente. Alors, changeant subitement de direction, l'armée arrive, avec la rapidité de l'éclair, sur les derrières de l'armée autrichienne, et le général Buonaparte force

force le général Wurmser à recevoir bataille dans son quartier-général même.

» L'armée de la liberté devait être celle de la victoire ; les Autrichiens sont défaits, et le peu qui échappe au fer des Français n'a d'autre espoir que de se jeter dans Mantoue. Des circonstances le favorisent, il pénètre jusqu'à cette place ; c'est alors que Wurmser, fort de quelques troupes fraîches qu'il y trouve, veut encore tenter la fortune ; mais un combat est une nouvelle occasion de gloire pour les Français : nos troupes marchent dans le plus bel ordre, et, grace à l'excellente combinaison de nos forces, la victoire ne chancelle pas un moment. Les Autrichiens rentrent en foule par le seul passage qu'ils possèdent : nous nous en rendons maîtres ; et ce qui reste, ne pouvant ni fuir, ni se défendre, se confie à notre générosité.

» Ainsi, Wurmser qui a cherché, avec les débris de son armée, un asyle dans Mantoue, et qui avait conçu l'espérance de prolonger la défense de cette place, assure au contraire sa reddition, et en approche même l'époque.

« Les vingt-deux drapeaux que j'ai l'honneur de vous présenter, sont les témoignages éclatans de ces succès. Ils ont été pris en quatorze jours, aux combats de Serravalle, de Lavis, des gorges de la Brenta, et aux batailles de Roveredo, de Bassano et de Saint George.

» L'armée d'Italie, pendant cette brillante campagne, a détruit deux armées, pris quarante-sept mille hommes, deux cents quatre-vingts pièces de canon et quarante-neuf drapeaux. Ces victoires vous sont un sûr garant, citoyens directeurs, de son amour constant pour la république ; elle sait défendre les loix et leur obéir, comme elle a su battre les ennemis extérieurs. Veuillez la considérer comme une des plus fermes colonnes de la liberté, et croyez que, tant que les soldats qui la composent existeront, le Gouvernement aura d'intrépides défenseurs.

» J'ai l'honneur de vous présenter aussi deux drapeaux pris sur les troupes du pape. Nous y ajoutons peu de prix, parce que nous avons eu peu de peine à les obtenir ; mais ils sont au moins un monument qui atteste l'activité de l'armée d'Italie, et l'étendue de pays qu'elle a parcourue pendant cette campagne ».

Le citoyen Lareveillère-Lépeaux était alors président du directoire exécutif de la France ; il fit cette réponse :

« Plus rapide que la renommée, l'armée d'Italie vole de triomphes en triomphes. Par elle, chaque jour est marqué d'un succès éclatant.

» Tant de faits héroïques, tant d'heureux résultats l'ont rendue également chère aux amans de la gloire et aux amis de l'humanité ; car si ces victoires ont honoré à jamais les armes françaises, elles doivent aussi forcer nos ennemis à la paix.

» Graces soient donc rendues à la brave armée d'Italie et au génie supérieur qui la dirige. Le directoire exécutif, au nom de la république française, reçoit avec la plus vive satisfaction les trophées qui attestent tant d'actions étonnantes ; il vous charge de porter à vos braves frères d'armes les témoignages de la reconnaissance nationale.

» Et vous, jeune guerrier, dont le général atteste la bonne conduite et le courage, recevez ces armes (c'était une paire de pistolets) comme une marque de l'estime du directoire, et n'oubliez jamais qu'il est tout aussi glorieux de les faire servir au-dedans pour le maintien de notre constitution républicaine, que de les employer à anéantir ses ennemis extérieurs; car le règne des loix n'est pas moins nécessaire au maintien des républiques, que l'éclat de la victoire ».

Pendant que le directoire payait à l'intrépidité des généraux et de l'armée d'Italie le tribut d'éloge qu'ils avaient si bien mérité, les assiégés dans Mantoue faisaient des dispositions pour se procurer un passage. Au nombre de quatre mille six cents hommes, ils firent, le 16 vendémiaire an 5, une sortie; ils furent forcés de rentrer précipitamment dans la place. Ils eurent un grand nombre de tués et blessés, et on leur fit cent quarante-cinq prisonniers. Il se fit le 18 une explosion très-forte dans la ville de Mantoue.

La commotion fut si vive, que plusieurs croisées du château de Borgoforte, quoiqu'éloigné de sept milles de Mantoue, en furent ouvertes. Les rapports qui se répandirent dans les divisions, apprirent que c'était un magasin à poudre qui avait sauté. L'ennemi se présenta le 19, à midi, entre Prada et Saint-Antoine; il éprouva le sort qu'il avait toujours éprouvé jusqu'alors: il fut repoussé avec perte, après une légère fusillade. Les ennemis restèrent dans leurs murs jusqu'au 7 brumaire, sans tenter aucune sortie.

Les Autrichiens tiraient avantage de la résistance que Mantoue opposait, et de la nécessité où se trouvaient les Français d'avoir la majeure partie de leurs forces devant cette place. Cette circonstance, qu'ils regardaient comme très-heureuse pour eux, les mettaient dans le cas de former une nouvelle armée, et, en attendant, de renforcer les débris de celle de Wurmser, qui étaient cantonnés au-delà du Lavisio et de la Piave. Le Gouvernement de Venise favorisait en secret, le plus qu'il pouvait, les Autrichiens; il leur fournissait tout ce qui pouvait suffire à leurs besoins; il leur procurait, sur son territoire, tout ce qui pouvait ne pas être regardé comme une protection marquée; il prenait seulement des précautions pour que sa conduite ne portât pas ombrage aux Français.

Les avant-postes du général Vaubois ayant rencontré un détachement de la division autrichienne qui défendait le Tirol, l'attaquèrent et firent cent dix prisonniers. Un parti autrichien s'étant mis en fait de passer la Piave et de s'établir à Castel-Franco, Massena fit partir de son quartier-général de Bassano le chef de brigade Leclerc, qui fit évacuer, le 20 vendémiaire, Castel-Franco, et maintint les ennemis au-delà de la Piave. Les Autrichiens tentèrent le passage de Lavisio; mais ils furent contraints, par le général Vaubois, de le repasser.

Les troupes autrichiennes étaient considérablement augmentées; une nouvelle armée se trouvait rassemblée et formée dans le Tirol, et le commandement en avait été donné au général Alvinzi. Les Français, quoique par-tout vainqueurs, commençaient à s'appercevoir que les victoires, en servant d'aliment à leur courage, diminuaient leur nombre. Buonaparte avait un ennemi puissant en France, qui, voulant sa perte et celle de la république, ne lui laissait depuis long-tems, pour remplir le vuide que ses triomphes causaient dans les bataillons de son armée, que les ressources qu'il trouvait dans la profondeur de son génie et dans le courage invincible des officiers et des soldats qu'il commandait. La force de la nouvelle armée autrichienne fut cause que les Français remarquèrent leur infériorité en nombre, et qu'ils prirent le parti, pour se concentrer, d'abandonner Trente, Roveredo, Bassano, Vicence, et de se reporter sur la ligne de l'Adige.

Du côté de Mantoue, les assiégés firent, le 7 brumaire, une sortie, et débarquèrent entre Saint-George et Cipade. Ils furent culbutés sur leurs bateaux par le chef de brigade Moreaux. Ils eurent dans cette sortie un grand nombre de tués et de blessés, et on leur fit deux cents cinquante prisonniers.

Le 12 brumaire an 5, combat de St.-Michel et de Segonzano.

Pendant ce tems-là, le général Guieux, de son côté, faisait des dispositions pour se porter sur le poste de Saint-Michel. Il parvint, le 12 brumaire, malgré une résistance très-opiniâtre de l'ennemi, à s'emparer de ce poste. Il brûla les ponts que les Autrichiens avaient jetés sur l'Adige, et leur fit trois cents cinquante prisonniers.

Les ennemis voulurent faire une diversion favorable aux défenseurs du poste Saint-Michel. Ils partirent, pendant l'attaque, de leurs postes de Segonzano et de Cembrea, pour se porter sur Lavis, et couper par ce moyen la retraite au général Guieux. Le général Vaubois ayant été averti de leur mouvement, envoya au-devant d'eux le général Fiorella, qui les battit vigoureusement. Il les repoussa jusques dans Segonzano, et leur fit cent prisonniers. Cette journée coûta à l'ennemi douze cents hommes tués ou blessés, et quatre cents cinquante prisonniers.

Le 15 brumaire, combat de la Brenta.

Buonaparte ordonna qu'on recommençât, le 13, l'attaque de Segonzano, qu'il voulait avoir. Il partit en même tems avec la division du général Augereau, et joignit à Vicence la division du général Massena. On marcha le 15 au-devant de l'ennemi, qui avait passé la Brenta. Il fut attaqué, et le combat fut vif et sanglant. Les Français eurent l'avantage ; ils restèrent maîtres du champ de bataille, et l'ennemi repassa la Brenta. Il perdit beaucoup de monde en tués et blessés ; on lui enleva une pièce de canon, et on lui fit cinq cents prisonniers. Le général Lanus fut blessé d'un coup de sabre pendant l'action.

L'ennemi avait attaqué, le 13, le général Vaubois sur plusieurs points, et menaçait de le tourner, ce qui avait contraint ce général à faire sa retraite sur la Pietra, en adossant sa droite à des montagnes et sa gauche à Mori. L'ennemi ne fit aucun mouvement le 16 ; mais le 17 il se livra un combat qui fut des plus opiniâtres. Deux pièces de canon avaient été enlevées à l'ennemi ; on lui avait fait treize cents prisonniers, lorsque, la nuit approchant, une partie des troupes françaises fut tout-à-coup saisie d'une terreur panique.

La division prit le 18 sa position à Rivoli et à la Corona, en passant un pont qu'on avait fait jeter exprès. Buonaparte ayant appris ce qui s'était passé dans le Tirol, s'empressa de partir le 17 à la pointe du jour, et arriva le 18 à Véronne.

Le 21 et le 22 brumaire, combats de St.-Martin, St.-Michel et Caldero.

L'ennemi étant parti de Montebello, avait campé à Villa-Nova. Buonaparte en ayant été instruit le 21 à trois heures après midi, partit aussitôt de Véronne. L'avant-garde ennemie fut rencontrée sur l'Adige, entre Saint-Martin et Saint-Michel. Elle fut attaquée par la division du général Augereau, qui la culbuta, la mit en déroute et la poursuivit l'espace de trois milles. L'ennemi fut redevable de son salut à la faveur de la nuit.

Le lendemain 22, les troupes se trouvèrent en présence à la pointe du jour. Il n'y avait pas de tems à perdre, les circonstances exigeaient que le combat fût livré sur-le-champ; aussi l'attaque se fit avec intelligence et avec bravoure : la division du général Massena attaqua la gauche, le général Augereau la droite. Le succès fut complet; le général Augereau s'empara du village de Caldero, où il fit deux cents prisonniers; le général Massena s'empara de la hauteur qui tournait l'ennemi et prit cinq pièces de canon. Une pluie qui tombait à flots, poussée par un vent violent sur le visage des Français, à cause de leur position, favorisait l'ennemi; outre cela, un corps de réserve, qui ne s'était pas encore battu, servit à lui faire reprendre cette hauteur. On fit avancer la soixante-quinzième demi-brigade, qui avait été mise en réserve; tout se maintint jusqu'à la nuit. Les deux armées gardèrent leurs positions.

Le tems ayant continué à être mauvais le lendemain, il n'y eut aucune action. Ces combats n'avaient eu rien jusqu'alors de décisif, et la division du général Vaubois se trouvait dans le cas d'abandonner successivement toutes les positions du Tirol, sans une affaire qui anéantît les nouvelles forces de l'ennemi. Cette affaire ne fut pas long-tems sans avoir lieu. Arcole fut le théâtre de prodiges de valeur qui l'emportèrent sur ceux de Lody.

Le feld-maréchal Alvinzi, commandant l'armée de l'empereur, s'était approché de

Les 25, 26, et 27 brumaire an 5, bataille d'Arcole.

Véronne, afin d'opérer sa jonction avec les divisions qui étaient dans le Tirol. Etant parvenu à faire sa jonction, il se trouvait avoir un corps d'armée de plus de quarante mille hommes. La division du général Augereau et celle du général Massena filèrent le long de l'Adige et passèrent le Ronco sur un pont de bateaux qu'on avait fait jeter sur cette rivière, pendant la nuit du 24 au 25 brumaire. Le quartier-général du commandant autrichien Alvinzi était à Caldero, et sur l'avis de quelques mouvemens, ce général avait envoyé un régiment de croates et quelques régimens hongrois dans le village d'Arcole, que sa position au milieu des marais et des canaux rendait extrêmement fort.

La division du général Vaubois reçut l'ordre de garder le point de Rivoli, pour tenir en échec la colonne de droite de l'ennemi, commandée par le général Davidovich. Les château et fort de Brescia, Véronne, les places de Peschiéra et de Legnago avaient été mis dans un état de défense respectable. Des corps légers et de l'artillerie volante avaient été dispersés pour défendre les passages de l'Adige. On devait tomber à l'improviste sur les derrières du général Alvinzi, lui couper sa communication, s'emparer de ses magasins, de son parc d'artillerie, lui enlever tous ses moyens de subsistance, et enfin l'attaquer à revers.

Les deux divisions des généraux Massena et Augereau ayant passé l'Adige avant le jour, s'avancèrent sur deux chaussées qui traversent un marais impraticable pendant plusieurs milles. La colonne de gauche, commandée par le général Massena, fut la première à rencontrer quelques avant-postes qu'elle culbuta ; celle de droite, commandée par le général Augereau, après avoir également fait reployer quelques postes ennemis, fut arrêtée au village d'Arcole, occupé par les Autrichiens, qui étaient placés de manière à battre en flanc la digue sur laquelle il fallait passer pour pénétrer. Un canal qui bornait cette digue du côté du village, empêchait de le tourner ; il fallait, pour s'en emparer, passer sous le feu de l'ennemi et traverser un petit pont défendu par plusieurs maisons crénelées, d'où les Autrichiens faisaient un feu terrible. Les Français se portèrent à plusieurs reprises au pas de charge pour enlever ce pont; mais n'ayant pas, comme au pont de Lody, réussi la première fois, ils furent repoussés dans leurs attaques réitérées. Les généraux, convaincus de l'importance du moment, et sentant la nécessité d'emporter ce pont, s'étaient précipités à la tête, pour exciter l'ardeur des troupes; ils furent presque tous blessés; les généraux Verdier, Bon, Verne, Lasnes, furent mis hors de combat. Le général Augereau, pour engager la colonne à le suivre, prit un drapeau à la main, et le portant jusqu'à l'extrémité du pont, il y resta, sans que cet acte de dévouement servit à produire aucun effet. Cependant il fallait que ce pont fut passé, ou faire un détour de plusieurs lieues, qui aurait fait manquer l'opération. Buonaparte, auquel on rendit compte des difficultés éprouvées par la division du général Augereau, ordonna au général Guieux de descendre l'Adige avec un corps de deux mille hommes, et de passer cette rivière sous la protection de l'artillerie légère, à un bac qui se trouvait à deux milles au-dessous de Ronco, vis-à-vis Albaredo. Il eut en même tems l'ordre de se porter sur le village d'Arcole, pour le tourner. Cette marche était longue, la journée s'avançait, et il était très-important d'emporter Arcole, afin d'être sur les derrières de l'ennemi avant qu'il pût être informé du mouvement des Français.

Buonaparte se porta ensuite, avec tout son état-major, à la tête de la division du général Augereau; il rappela aux troupes françaises qu'elles étaient les mêmes qui avaient forcé le pont de Lody. Il crut que sa présence avait produit un mouvement d'enthousiasme, il voulut en profiter. Il descendit de son cheval, prit un drapeau en main, en criant : *Suivez votre général!* la colonne s'ébranla un instant, et elle était à trente pas du pont, lorsque le feu terrible de l'ennemi la frappa et la fit reculer au moment même où l'ennemi commençait à se remuer pour prendre la fuite. Ce fut dans cet instant que le général Lasne, blessé déjà de deux coups de feu, reçut une troisième blessure plus dangereuse. Le général Vignole fut également blessé, et l'aide-de-camp du général en chef, Muiron, fut tué.

Le général Buonaparte et son état-major furent culbutés; Buonaparte fut lui-même renversé dans un marais d'où, sous le feu de l'ennemi, on eut bien de la peine à le retirer. Aussitôt après, il remonta à cheval, la colonne se rallia, et l'ennemi n'osa sortir de ses retranchemens. Il fallut renoncer à forcer le village de Front.

Pendant que Buonaparte plantait sur le pont d'Arcole le drapeau qu'il tenait en main, des larmes coulaient de ses yeux. Elles n'étaient pas des larmes de désespoir, parce que le désespoir n'entre pas dans le cœur d'un héros; mais elles étaient les larmes que l'amour de la patrie, la gloire des armes françaises et un courage impatient du succès faisaient répandre. Le desir de la victoire les fit couler; l'honneur en fut la source.

Dans le tems qu'on faisait les plus grands efforts pour forcer le pont d'Arcole, le général

général Massena, attaquant une division que l'ennemi avait fait filer de son quartier-général sur la gauche de l'armée française, la culbuta et la mit dans une déroute complète. Pendant ce même tems le général Guieux, qu'on avait envoyé par Albaredo pour se porter sur Arcole, n'arriva qu'à la nuit à ce village; il l'attaqua avec valeur, et finit par l'emporter. Il y fit quelques centaines de prisonniers et y prit quatre pièces de canon; ensuite il évacua ce village pendant la nuit.

On s'attendait le lendemain à être attaqué par toute l'armée autrichienne. L'ennemi, ayant eu le tems d'être averti des mouvemens des Français, avait commencé à faire évacuer tous ses équipages et ses magasins sur Vienne; il avait porté presque toutes ses forces vers Ronco, et avant le jour il occupait, avec des forces considérables, le village d'Arcole.

Le combat s'engagea le 26, à la pointe du jour, avec la plus grande vivacité. La colonne du général Massena, qui était sur la gauche, après un combat opiniâtre, en but à l'ennemi, le mit en déroute, le poursuivit jusqu'aux portes de Caldero. Il lui fit quinze cents prisonniers, lui enleva six pièces de canon et quatre drapeaux.

Le général Robert, qui était sur la chaussée avec la soixante-quinzième demi-brigade, culbuta l'ennemi à la bayonnette et couvrit le champ de bataille de cadavres. L'adjudant-général Vial eut ordre de longer l'Adige avec une demi-brigade, pour tourner toute la gauche de l'ennemi; mais ce pays offrant des obstacles insurmontables, cet adjudant-général ne put faire une diversion conséquente, quoiqu'il se fût précipité dans l'eau jusqu'au cou. On avait porté des fascines dans le dessein d'établir sur le canal un passage, qui ne put avoir lieu à cause du courant, et la colonne fut obligée de repasser. Ce fut dans cet instant que l'aide-de-camp du général en chef, nommé Elliot, fut tué.

La colonne du général Augereau repoussa également l'ennemi; mais elle ne put venir à bout de forcer le village d'Arcole, quoiqu'elle eût fait plusieurs tentatives pour l'attaquer. Les attaques qui avaient eu lieu à ce village avaient été si vives, qu'il y eut sept généraux de blessés.

Dans la nuit du 26 au 27, Buonaparte donna l'ordre qu'on jetât un pont sur le canal et sur les marais, et une nouvelle attaque fut combinée pour le 27. La division du général Massena devait attaquer sur la chaussée de gauche; celle du général Augereau devait, pour la troisième fois, attaquer le célèbre village d'Arcole, qui était la droite, et le général Robert le centre, tandis qu'une autre colonne devait traverser le canal pour tourner le village. Une partie de la garnison de Porto-Legnago, avec cinquante chevaux et quatre pièces d'artillerie, avait reçu l'ordre de tourner la gauche de l'ennemi, afin d'établir une diversion.

Les armées furent en présence à dix heures du matin. L'ennemi attaqua vigoureusement le centre, qu'il fit plier. La trente-deuxième demi-brigade de la gauche fut retirée et placée en embuscade dans des bois, sous le commandement du général Gardanne. A l'instant où l'ennemi, poussant le centre, était sur le point de tourner la droite de l'armée française, la trente-deuxième demi-brigade sortit de son embuscade, prit l'ennemi en flanc, et en fit un carnage horrible. La gauche de l'ennemi était appuyée à des marais et en imposait à la droite de l'armée française par sa supériorité en nombre. Un officier des guides, nommé Hercule, reçut l'ordre de Buonaparte de choisir vingt-cinq hommes de sa compagnie, de longer l'Adige une demi-lieue, de tourner tous les marais qui appuyaient la gauche de l'ennemi et de tomber ensuite au grand galop sur le dos de l'ennemi, en faisant sonner plusieurs trompettes. Cette manœuvre réussit parfaitement; l'infanterie ennemie se trouva ébranlée. La colonne du général Massena trouva moins d'obstacles; mais la colonne du général Augereau fut encore repoussée à Arcole et se reployait en désordre sur le pont de Ronco, lorsque la division du général Massena, qui avait suivi le mouvement rétrograde de la division du général Augereau, se trouva en mesure de se rejoindre à cette division pour attaquer de nouveau l'ennemi, qui fut mis en fuite cette fois, et qui, se voyant tourné par sa gauche, fut forcé à Arcole, poursuivi jusqu'auprès du village de Saint - Bonifacio. Après le succès à Arcole, la colonne de gauche ennemie résistait encore, quoiqu'en battant en retraite, lorsqu'une petite colonne de huit à neuf cents hommes, avec quatre pièces de canon, que Buonaparte avait fait filer par Porto - Legnago, pour prendre une position en arrière de l'ennemi et lui tomber sur le dos pendant le combat, acheva de le mettre en déroute. La nuit empêcha d'aller plus avant.

La division de l'aîle gauche, commandée par le général Vaubois, avait été, pendant les succès remportés à Ronco, attaquée et forcée à Rivoli, qui était une position d'autant plus importante qu'elle mettait à découvert le blocus de Mantoue; l'ennemi occupait cette position, et c'était l'aîle droite de l'armée impériale, commandée par le général Davidovich. On sentit l'importance de chasser l'ennemi de cette position. Pendant qu'une partie de l'armée française fût employée, le 27, à la pointe du jour, à poursuivre l'ennemi sur Vicence, à lui enlever plusieurs bateaux de son équipage de pont, à ramasser des prisonniers et beaucoup de blessés, Buonaparte ralliait la division du général Vaubois, qui était à Castel-Novo. La division du général Augereau se rendit à Véronne et celle du général Massena sur Villa-Nova. Une division, forte de trois mille hommes, avait été laissée dans Véronne où Buonaparte se rendit d'Arcole, pour attaquer avec des forces supérieures l'aîle droite autrichienne, afin de la faire tomber en son pouvoir, si elle montrait de la résistance, ou, si elle évacuait, pour la poursuivre jusque dans le Tirol. L'armée d'Alvinzi était coupée et à moitié défaite. La perte que cette armée venait d'essuyer devait procurer la reddition de Mantoue, où les provisions de bouche étaient épuisées et où on était obligé de tuer les chevaux pour nourrir la garnison.

Dans tous ces différens combats on fit à l'ennemi environ cinq mille prisonniers, dont cinquante-sept officiers. On lui prit quatre drapeaux, dix-huit pièces de canon, beaucoup de caissons, plusieurs haquets chargés de pontons et une multitude d'échelles que l'armée autrichienne s'était procurées dans le dessein d'escalader Véronne. Du côté des Français, presque tout l'état-major avait été blessé, tant les officiers et les troupes avaient montré de courage. Le général Lasnes, Vignole, Verdier, Gardanne, Bon, Robert avaient été blessés, et l'adjudant-général Verdeling avait été tué. Il n'y eut pas un général et un officier de l'état-major qui n'eut ses habits criblés de balles ; l'artillerie se combla de gloire.

Après la victoire de la journée d'Arcole, qui fut le prix de l'intelligence, des talens militaires du général en chef, de son intrépidité et de celle de la brave armée d'Italie, Buonaparte écrivit au directeur Carnot, le 29 brumaire an 5, de son quartier-général de Véronne, une lettre dont suit l'extrait : « Les destinées de l'Italie commencent à s'éclaircir ; encore une victoire demain, qui ne me semble pas douteuse, et j'espère, avant dix jours, vous écrire du quartier-général de Mantoue. Jamais champ de bataille n'a été aussi disputé que celui d'Arcole ; je n'ai presque plus de généraux : leur dévouement et leur courage sont sans exemple. Le général de brigade Lasnes est venu au champ de bataille n'étant pas encore guéri de la blessure qu'il a reçue à Governolo. Il fut blessé deux fois pendant la première journée de la bataille. Il était, à trois heures après midi, étendu sur son lit et souffrant, lorsqu'il apprend que je me porte moi-même à la tête de la colonne; il se jette en bas de son lit, monte à cheval et revient me trouver. Comme il ne pouvait pas être à pied, il fut obligé de rester à cheval. Il reçut, à la tête du pont d'Arcole, un coup qui l'étendit sans connaissance. Je vous assure qu'il fallait tout cela pour vaincre; les ennemis étaient nombreux et acharnés, les généraux à la tête : nous en avons tués plusieurs. »

Le général divisionnaire Berthier, chef de l'état-major, écrivit aussi, du quartier-général de Véronne, le 29 brumaire, au général Baraguay-d'Hilliers, commandant de la Lombardie, la lettre suivante :

» Enfin, mon cher général, après les manœuvres les plus hardies, les combats les plus opiniâtres, huit jours sans nous débotter, nous venons de battre le général Alvinzi et son corps que nous avons poursuivis jusqu'à Vicence. Cinq mille prisonniers, trois mille tués ou blessés, quatre drapeaux, douze pièces de canon sont le fruit de cette victoire. (Le général Berthier a rectifié depuis cette erreur dans les prises.) Alvinzi va se rallier derrière la Brenta. Davidovich, qui ne sait pas ce qu'est devenu Alvinzi, est à la rive droite de l'Adige, après avoir forcé la division de Vaubois et s'être avancé au-delà de Rivoli : nous craignons qu'il ne se retire. S'il est encore aujourd'hui dans ses positions, demain il est à nous avec les six hommes qu'il commande. *Vive l'armée d'Italie !* bientôt Mantoue sera au pouvoir des républicains.

» Jamais on ne s'est battu avec plus d'acharnement. Nous avons eu deux généraux blessés mortellement, et cinq qui, espère-t-on, en reviendront ; deux aides-de-camp du général en chef et un adjudant-général tués.

» Je n'ai pas le tems d'en dire davantage, nous avons encore à combattre : point de repos que l'ennemi ne soit détruit. »

<small>Le premier frimaire an 5, l'ennemi chassé de Castel-Novo, de Rivoli, de Carona et de Dolce.</small> Le général Vaubois ayant été obligé d'abandonner la position de Rivoli, l'ennemi, après s'en être emparé, s'était avancé à Castel-Novo. On profita de la déroute de l'ennemi à Arcole pour faire repasser sur-le-champ l'Adige à la division du général Massena, qui opéra sa jonction à Villa-Franca avec celle du général Vaubois. Ces divisions étant réunies, marchèrent à Castel-Novo, le premier frimaire, tandis que la division du général Augereau se portait sur les hauteurs de Sainte-Anne, afin de couper la vallée de l'Adige à Dolce, et par ce moyen ôter la retraite à l'ennemi.

Le général Joubert, commandant l'avant-garde des divisions Massena et Vaubois réunies, atteignit l'ennemi sur les hauteurs de Campara ; après un combat assez léger, on parvint à entourer un corps de l'arrière-garde ennemie, à lui faire douze cents prisonniers, parmi lesquels se trouva le colonel du régiment de Berbach. Un corps de trois à quatre cents hommes ennemis, voulant se sauver, se noya dans l'Adige.

On ne se contenta pas de prendre la position de Rivoli et de la Corona, l'ennemi fut poursuivi jusqu'à Préabocco. Augereau, pendant ce tems-là, avait rencontré un corps ennemi sur les hauteurs de Sainte-Anne, et l'avait dispersé, et lui avait fait trois cents prisonniers. Etant arrivé à Dolce, il avait brûlé deux équipages de pontons sur la Queta et enlevé quelques bagages.

Après la sanglante journée d'Arcole, Buonaparte, qui s'était montré en héros, sentit que son cœur lui imposait un autre devoir, celui de rendre témoignage à la bravoure et au mérite des officiers-généraux qui étaient morts dans la bataille, et de devenir le consolateur de leurs parens. En conséquence, il écrivit les lettres suivantes. Celle au général Clarke portait :

« Votre neveu Elliot a été tué sur le champ de bataille d'Arcole. Ce jeune homme s'était familiarisé avec les armes : il a plusieurs fois marché à la tête des colonnes; il aurait été un jour un officier estimable. Il est mort avec gloire et en face de l'ennemi ; il n'a pas souffert un instant. Quel est l'homme raisonnable qui n'envierait pas une telle mort? Quel est celui qui, dans les vicissitudes de la vie, ne s'abonnerait pas pour sortir de cette manière d'un monde si souvent méprisable ? Quel est celui d'entre nous qui n'a pas regretté cent fois de ne pas être ainsi soustrait aux effets puissans de la calomnie, de l'envie, et de toutes les passions haineuses qui semblent presque exclusivement diriger la conduite des hommes. »

Depuis long-tems Buonaparte était abreuvé d'amertume, depuis long-tems on l'avait laissé exprès sans ressources, livré aux seuls moyens qu'il trouvait dans lui-même, parce qu'on voulait qu'il succombât sous le nombre des ennemis ; sa perte avait été jurée. Le parti anti-républicain, à la tête duquel était son ennemi secret, mais tout puissant, qui ne pouvait lui pardonner le 13 vendémiaire, accablait Buonaparte de toute sa haine, parce qu'il était invincible dans les combats et invariable dans ses opinions politiques. Tout fut mis en œuvre pour le perdre dans l'opinion publique ; L'envie et la haine s'étaient réunies pour aiguiser contre lui leurs traits les plus envenimés. Tantôt on faisait courir le bruit de défaites qu'il n'avait pas essuyées, mais qu'on souhaitait bien ardemment qu'il éprouvât : tantôt on le représentait comme un ambitieux qui n'avait en vue que son élévation et sa puissance, afin de porter contre lui ombrage à un Gouvernement qui n'avait pas de plus ferme soutien. C'eût été un grand coup pour le parti qui ne voulait pas de république, s'il fût parvenu à rendre suspect un général qui rendait de si grands services à la chose publique : mais la grande majorité du directoire, aussi prévoyante que sage, ne donna pas dans le paneau. La calomnie, cette grande ressource des malveillans, fut vivement employée de toutes les manières, pour ternir la réputation de ce grand homme, et la couvrir des couleurs les plus odieuses. Buonaparte, instruit de toutes les menées de ses ennemis de l'intérieur, en était affecté, comme on peut le remarquer dans la précédente lettre.

Buonaparte écrivit ainsi à la citoyenne Muiron : « Muiron est mort à mes côtés sur le champ d'Arcole. Vous avez perdu un mari qui vous était cher ; j'ai perdu un ami auquel j'étais, depuis long-tems, attaché : mais la patrie perd plus que nous deux en perdant un officier distingué autant par ses talens que par son rare courage. Si je vous puis être bon à quelque chose, à vous ou à son enfant, je vous prie de compter entièrement sur moi. »

Le général Buonaparte rendit aussi au directoire exécutif le témoignage suivant à la mémoire de son aide-de-camp : « Le citoyen Muiron a servi depuis les premiers jours de la révolution dans le corps de l'artillerie ; il s'est spécialement distingué au siége de Toulon, où il fut blessé en entrant par une embrasure dans la célèbre redoute anglaise.

» Son père était alors arrêté comme fermier-général. Le jeune Muiron se présenta à la convention nationale, au comité révolutionnaire de sa section, couvert du sang qu'il venait de répandre pour la patrie ; il obtint la libération de son père.

« Au 13 vendémiaire, il commandait une division d'artillerie qui défendait la convention : il fut sourd aux séductions d'un grand nombre de ses connaissances et des personnes de sa société. Je lui demandai si le Gouvernement pouvait compter sur lui : « Oui, me dit-il, j'ai fait serment de soutenir la république; je fais partie de la force armée, j'obéirai à mes chefs. Je suis d'ailleurs, par ma manière de voir, ennemi de tous les révolutionnaires, et tout autant de ceux qui n'en adoptent les maximes et la marche que pour rétablir un trône, que de ceux qui voudraient rétablir ce régime cruel où mon père et mes parens ont si long-tems souffert. » Il s'y comporta effectivement en brave homme, et fut très-utile dans cette journée qui a sauvé la liberté.

» Depuis le commencement de la campagne d'Italie, j'avais pris le citoyen Muiron pour mon aide-de-camp; il a rendu dans presque toutes les affaires des services essentiels; enfin il est mort glorieusement sur le champ de bataille d'Arcole, laissant une jeune veuve enceinte de huit mois. »

Pendant que Buonaparte suivait les mouvemens de son cœur pour consoler des familles affligées de la perte qu'elles faisaient conjointement avec la patrie, le général Wurmser faisait des dispositions dans Mantoue pour faire une sortie. Les assiégés l'effectuèrent le 3 frimaire, à sept heures du matin : le général Wurmser était en personne à cette sortie. Le général Kilmaine repoussa la division ennemie, et la força de rentrer plus vîte qu'elle n'était sortie. Il y eut un grand nombre des ennemis tués ou blessés; on fit deux cents prisonniers; on prit deux pièces de canon et un obusier. La canonnade dura toute la journée.

Le général Buonaparte ayant envoyé au Gouvernement français les détails de la bataille d'Arcole, le directoire exécutif envoya le 10 frimaire an 5, aux conseils des cinq cents et des anciens, un message pour leur annoncer ces heureuses nouvelles :

« Citoyens

« Citoyens législateurs,

» Nous attendions impatiemment les dépêches officielles du général en chef Buonaparte, pour vous faire part de la victoire décisive qui vient d'être remportée sous ses ordres par l'armée d'Italie. Jamais cette brave armée ne s'était trouvée dans une position aussi critique : l'ennemi avait fait les plus grands efforts ; il avait enlevé de l'intérieur de ses Etats tout ce qui lui restait de forces disponibles ; il les avait fait passer en poste ; et il était parvenu à se former, en Italie, une armée nouvelle plus considérable que les deux premières déjà exterminées avant que les secours, envoyés de l'intérieur de la France au général en chef Buonaparte, eussent pu joindre l'armée d'Italie. Il ne fallait pas moins que le génie de cet intrépide guerrier, les talens des officiers-généraux et particuliers qui l'ont secondé au prix de leur sang, le dévouement et la constance de tous nos braves frères d'armes, pour avoir triomphé de tant d'obstacles préparés par le désespoir des ennemis.

» Le résultat des sanglans combats qui se sont multipliés pendant huit jours consécutifs, est la perte, pour les ennemis, de douze mille hommes tant tués que blessés ou prisonniers, quatre drapeaux et dix-huit pièces de canon. La position actuelle des armées promet de nouveaux succès et la prise de Mantoue, d'où dépend le sort de l'Italie. »

Ce message fut reçu avec les acclamations qu'inspire la joie. Il produisit, dans les deux conseils, ces élans d'admiration et de surprise que cause l'alégresse après les inquiétudes Il fut décrété, à l'unanimité, que Buonaparte et la brave armée d'Italie ne cessaient de bien mériter de la patrie.

Les drapeaux pris à la bataille d'Arcole arrivèrent au directoire, et il les reçut dans sa séance publique du 10 nivôse. Le ministre de la guerre présenta au directoire le chef de bataillon, aide-de-camp du général Buonaparte, nommé Marois, qui rendit l'objet de sa mission en ces termes :

« Citoyens directeurs,

« J'ai l'honneur de vous présenter, de la part de la brave armée d'Italie et de son intrépide général, quatre drapeaux qu'elle a conquis aux batailles d'Arcole. L'aigle autrichien, trois fois vaincu, est chassé des rives de l'Adige. Déjà Alvinzi se flatte de la prompte délivrance du boulevard de l'Italie; mais Buonaparte était là; il donne le signal du combat; et traçant lui-même, l'étendard tricolor à la main, le chemin de la victoire à ses braves compagnons d'armes, il ébranle, il disperse la quatrième armée ennemie. Ces drapeaux, citoyens directeurs, sont les trophées de cette mémorable victoire, et l'armée d'Italie vous en promet de nouveaux, si l'Autrichien ose reparaître.

» Fiers de l'honorable cause que nous défendons, nous périrons plutôt que de laisser porter la moindre atteinte à notre liberté, à notre constitution; notre sang a déjà scellé ce serment que je répète, au nom de mes frères d'armes, en présence des premiers magistrats de la république française. »

Le président du directoire répondit au citoyen Marois :

« Jeune et brave guerrier,

» Le directoire exécutif reçoit avec satisfaction ces glorieux trophées que vous lui présentez au nom de la brave armée d'Italie. Vos généreux compagnons, vos valeureux frères d'armes, vainqueurs de quatre armées, ont fait plus que de triompher de l'Autriche ; ils ont vaincu la renommée d'Annibal.... La liberté, endormie sur la tombe de Brutus, s'est réveillée au bruit de vos exploits ; et la victoire, toujours fidelle à sa cause sainte, n'a point trahi les républicains qui combattaient pour elle..... Retournez, jeune guerrier, les entretenir de la gratitude de la patrie et de l'admiration de l'Europe ; dites-leur que leurs noms sont attendus par les marbres du Panthéon ; dites-leur qu'ils sont déjà gravés dans le cœur de tous les bons Français, et que si tous les vœux du directoire sont de voir la paix réconcilier toutes les nations, c'est qu'elle doit assurer la félicité publique et celle des héros qui soutiennent, avec tant de dignité, l'impérissable gloire de la république française.

« Le directoire exécutif reçoit aussi avec plaisir le témoignage d'attachement et de dévouement de vos frères d'armes pour la constitution et le Gouvernement républicain ».

Tant de victoires, tant de triomphes remplissaient l'univers d'étonnement et lui enlevaient son admiration ; tant de prodiges, d'intrépidité qui répandaient par-tout la terreur du nom français et la gloire du général qui commandait l'invincible armée d'Italie, n'étaient reçus en France qu'avec cet air d'indifférence qui annonce plutôt le dédain que l'approbation. Pendant que l'Arabe, réuni le soir dans sa cabane avec sa famille, entretenait ses enfans des victoires des Français dont il entendait parler ; pendant qu'il leur rapportait avec attendrissement les traits de valeur qui rendaient les Français si célèbres ; dans la France, ou on les niait ouvertement, ou on en atténuait le mérite, en dénaturant les circonstances et les faits ; on employait aussi l'arme puissante du ridicule, pour faire naître le dégoût. Tous les dangers étaient encourus pour la France, tous les combats étaient livrés pour empêcher son démembrement et pour consolider son existence politique; et cependant, dans la France, la malveillance et l'intrigue, parvenues à corrompre l'esprit public, à amortir le feu de l'enthousiasme, à arrêter ces sentimens généreux qu'inspire l'amour de la patrie, avaient rendu une grande partie des Français presqu'insensible à toutes les preuves de l'intrépidité la plus héroïque que les armées donnaient dans l'étendue des pays ennemis. Il semblait que les Français de l'intérieur formaient une nation étrangère aux Français qui se battaient sur les frontiéres.

Quelles étaient les causes de cette insensibilité, quels étaient les auteurs de cette funeste direction de l'esprit public? Ceux qui ne voulaient point du Gouvernement républicain, ayant vu que la république existait après deux années de terreur et d'infortunes, avaient établi leur plan d'une autre manière. Tout en protestant qu'il n'y avait point de royalistes, ils prêchaient le royalisme le plus outré; ils s'indignaient que, sur les débris de la royauté qui venait d'être détruite, on osât prêter le serment de haine à la royauté. Ils disaient que celui qui avait voulu sauver la royauté, avant et après le 10 août, avait bien mérité de la patrie; que l'assemblée qui avait fondé la république n'était composée que de brigands; que ceux qui avaient jugé le monarque méritaient la mort. Les calembourgs étaient ajoutés à ces bruits; on disait aussi que les Français allaient eux-mêmes renverser la république.

On faisait en sorte de rendre ridicule le nom de république, et haïssable le titre de patriote et celui de citoyen. On donnait le nom d'infâmes aux loix qui contrariaient le but qu'on s'était proposé, et celui de montagnards aux législateurs qui ne votaient pas selon le plan. On répétait chaque jour qu'il fallait abattre la tyrannie ; on jetait du ridicule sur les ministres qu'on ne pouvait pas influencer ; on jetait au milieu de la police une police contraire ; on poussait dans les intrigues les agens subalternes, et on trompait les premiers agens.

On affectait de rappeler dans l'intérieur toutes les habitudes, toutes les formes, toutes les institutions monarchiques ; on rappelait tous les souvenirs qui pouvaient exciter la haine et animer toutes les vengeances. On tâchait de rallumer les guerres de religion ; on provoquait le zèle de tous les prêtres, des prêtres romains, des prêtres fanatiques, des prêtres incendiaires. On ne cessait d'appeler l'horreur et le mépris sur les actes du corps législatif en général, et sur presque tous ses membres en particulier. C'était dans les armées, quoiqu'elles fussent pour la république d'inexpugnables remparts, qu'on s'efforçait de jeter l'inquiétude, le désordre et la désorganisation. Pour tâcher de décourager les soldats, on tirait des papiers étrangers les rapports qui ne parlaient que des succès de l'Autriche et des revers des républicains. Quand des victoires étaient proclamées par le Gouvernement, on protestait que c'était des impostures grossières ou de légers avantages exagérés à dessein.

Le fanatisme nobiliaire était réveillé; on ne parlait, on n'écrivait sans cesse qu'en faveur des premiers nobles contre-révolutionnaires, qu'on appelait *les bannis*. Les émigrés qui plaisaient trouvaient les moyens de rentrer; on leur procurait des certificats de résidence, on les faisait rayer. Ceux qui étaient trop connus et ne pouvaient être, à cause de cela, sitôt rayés, se promenaient librement dans les places publiques, parce qu'on avait tellement aveuglé les yeux de la police, qu'elle ne voyait plus rien. Les rayés et ceux de leur parti travaillaient dans l'intérieur à user la révolution et à se jeter, aux élections prochaines, dans les autorités constituées. On espérait que leurs succès étonneraient, au sein même des armées républicaines, les plus braves; on espérait qu'ils se diraient: Est-ce pour retomber sous le joug des nobles, que nous les combattons depuis tant de tems ? Est-ce à eux, vaincus par la force de nos armes, qu'il faudra nous adresser pour avoir la récompense promise à nos travaux ? Les soldats amenés à ce point, il devait y avoir auprès d'eux quelques agens pour leur répondre : Il est certain qu'on ne protége pas les braves militaires ; voyez ce qu'on gagne à servir la république.

On imprimait que les bannis avaient été injustement dépouillés, pour faire concevoir des alarmes aux acquéreurs de biens nationaux, pour écarter ceux qui voulaient se présenter, pour faire tomber les effets publics dans le discrédit, pour accroître la pénurie du trésor, pour que le Gouvernement ne pût plus subvenir à ses dépenses, pour empêcher les approvisionnemens des armées, pour faire voir aux soldats que les ressources étaient épuisées et qu'ils devaient s'attendre à une disette absolue, et pour les engager à retourner dans leurs foyers.

Toutes les terreurs du Dieu que les prêtres romains ont représenté comme cruel, étaient reportées dans les cœurs faibles. Les confesseurs faisaient entendre aux pères et mères qui avaient des enfans dans les armées, qu'ils devaient les engager à quitter leurs drapeaux, et qu'il n'y avait que trop long-tems qu'ils servaient la république. On retenait les réquisitionnaires et on les engageait à écrire à ceux qui avaient rejoint, de laisser comme eux le drapeau et de ne plus servir la république.

On ne cessait de crier tous les jours : L'Angleterre veut la paix, l'Autriche veut la paix, l'Europe veut la paix, la nation française veut la paix, les armées veulent la paix; il n'y a que le directoire qui ne veut point la paix; il n'y a que le directoire qui, pour avoir les moyens de satisfaire son ambition, veut éterniser la guerre. On voulait, par tous ces moyens réunis, amener l'inquiétude, le découragement, les mécontentemens, l'indiscipline et la désertion au milieu des armées françaises, si redoutables; on voulait, par tous ces moyens, rendre odieux le sage Gouvernement du directoire exécutif.

Semblable à un vaisseau qui, battu par

des vents déchaînés et contraires, emporté tantôt d'un côté, tantôt d'un autre, tournoie au milieu de la tourmente, quitte la ligne qu'il décrivait, s'écarte de la direction qui lui était donnée et trompe les efforts du pilote et les intentions du compasseur; de même le peuple français, moutonnier de lui-même, était préoccupé de tous les côtés; on faisait naître au milieu de lui l'inquiétude et l'agitation; on lui faisait entendre qu'il était plus esclave qu'avant; on amenait auprès de lui le dégoût et le découragement, afin de faire disparaître les sentimens que l'amour de la patrie et de la liberté avait produits, afin de l'écarter de la ligne que lui traçaient la constitution et son Gouvernement, et afin de les lui rendre odieux.

L'esprit du peuple était travaillé de toutes les manières et dans tous les sens; on employait auprès de lui tous les moyens pour lui inspirer des craintes sur ses subsistances, et pour l'amener insensiblement et sans qu'il s'en apperçût, au rétablissement du régime dont il avait vu avec joie la destruction. On lui en imposait par de faux rapports, on l'indisposait, on le préoccupait contre le gouvernement actuel, et on lui faisait entendre qu'il était plus heureux sous l'ancien. C'était-là la cause de son indifférence et de son insensibilité pour tous les prodiges qui s'opéraient.

Il est une vérité qu'il faut que tous les Gouvernemens sachent, et qu'il faut qu'ils n'oublient jamais, s'ils veulent du calme et de la tranquillité dans l'intérieur de leurs états. Le peuple n'a point les passions qui dominent les riches ; il ne demande que la vie, l'habit, et de l'ouvrage pour se les procurer. Quand ses journées de travail et ses subsistances sont assurées, il est content, il aime le Gouvernement et les gouvernans ; il n'ambitionne plus rien, il s'imagine que tout l'univers est à lui. Le peuple sait qu'il fait la force des Gouvernemens ; c'est donc aux Gouvernemens, s'ils veulent s'entourer de l'affection du peuple et de sa force, *de faire en sorte que le prix des denrées soit proportionné à son gain.* Le riche trouve toujours assez de jouissances dans son aisance ; il ne faut pas que l'augmentation de ces jouissances emporte quelque chose de l'existence du peuple. Le peuple souffre patiemment quand il sait que le Gouvernement n'est pour rien dans ses souffrances. La disette de 1789 accéléra les mouvemens de la révolution, parce que le peuple sut qu'elle était factice et qu'elle résultait du plan des grands; il resta ferme et tranquille dans la disette de 1795, jusqu'à l'instant où on chercha à corrompre son esprit, parce qu'il sut que cette disette était l'ouvrage des efforts combinés de la malveillance et de l'intrigue, conspirant contre l'ordre des choses qui existaient.

Fin du tome quatrième.

TABLE DES MATIÈRES

Contenues dans ce Volume.

SOMMAIRE DU CHAPITRE PREMIER.

Plan de Buonaparte, commandant l'armée d'Italie, page 2
Détails des forces ennemies opposées aux Français, 3
Le général Beaulieu succède au général Dewins, 5
Inquiétude du Gouvernement génois; mouvemens de l'armée du général Beaulieu, 7
Bataille de Montemotte, 9
Bataille de Millesimo; courage du lieutenant-général Provera, 12
Combat de Dego, 19
Lettres écrites par le directoire exécutif de la France aux généraux français, pour leur témoigner sa satisfaction, 22

Bataille de Mondovi, page 28
Prise de Bêne; prise de Fossano, de Cherasco et d'Alba, 31
Proclamation de Buonaparte à ses soldats, 33
Demande d'un armistice par le général piémontais Colli, 37
Réponse de Buonaparte, 38
Conditions de l'armistice, consenties par le roi de Sardaigne, 41
Entrée des Français dans Ceva et dans Coni, 45
Envoi, au directoire exécutif de France, de vingt-un drapeaux enlevés aux ennemis, 47

SOMMAIRE DU CHAPITRE II.

Mouvement de l'armée française vers le Pô, 50
Opérations du général Beaulieu désapprouvées à Milan; surprise que causent les progrès des Français, 51
Passage du Pô, 53
Combat de Fombio; affaire et prise de Casale, 55
Demande d'une suspension d'armes par le duc de Parme; conditions qui lui sont imposées, 58
Prise et bataille de Lody; ses suites, 61
Consternation à Milan, 66
Départ de la Cour; effets que produit ce départ, 67
Retraite des Autrichiens sur la rive gauche de l'Adda; Inquiétude à Milan, 70
Prise de Pizzighitone et de Crémone; entrée des Français dans Milan, 71

Entrée

DES MATIÈRES. 305

Entrée de Buonaparte dans Milan ; disposition des habitans, page 73
Moyens employés par l'Autriche pour envoyer des renforts en Italie, 75
Fuite du duc de Modène ; conclusion de l'armistice qui lui est accordé, 77
Proclamation de Buonaparte à ses soldats, 79
Buonaparte envoie en France les chefs-d'œuvre des arts trouvés à Milan, 81
Soulèvement à Milan, à Bagnasco et à Pavie, 82
Proclamation de Buonaparte publiée à Pavie, sans produire aucun effet ; péril auquel s'expose la ville de Pavie, 86
Proclamation de Buonaparte aux peuples du Milanais, 89
Proclamation du général Despinoy à Milan, 91
Proclamation du commissaire français Salicetti au peuple de la Lombardie, 96
Retraite du général Beaulieu au-delà du Mincio, 101
Prise de Borghetto, 102
Prise de Peschiera et de Rivoli, 104
Entrée des Français dans Véronne, 107

SOMMAIRE DU CHAPITRE III.

Conduite de Venise à l'égard des Français, 108
Proclamation de Buonaparte, 110
Notification du grand-duc de Toscane contre les émigrés, 111

Tome IV.   V

Prise de Crémone,	page 112
Lettre de Buonaparte au directoire,	115
Prise des faubourgs Saint-George, de Cheriale et de la tête du pont de Mantoue,	116
Trait de barbarie dans un couvent,	117
Lettre du général Beaulieu à l'empereur,	120
Les Français exigent une contribution de la république de Lucques,	121
Conclusion de l'armistice avec le roi de Naples; enlèvement du fort de Fuentes,	122
Révolte des fiefs impériaux,	123
Proclamation de Buonaparte aux Tiroliens,	126
Prise de Bologne, de Reggio et du fort Urbain,	128
Le directoire recommande le célèbre Oriani à Buonaparte,	131
Suspension d'armes avec le pape; les conditions,	134
Sommation faite à la ville de Mantoue,	138
Capitulation de la forteresse de Milan; les conditions,	140
Entrée des Français dans Livourne; conduite du gouverneur,	144
Lettre du Grand-Duc à Buonaparte,	146
Montant des effets pris aux Anglais dans Livourne,	149
Prise de l'isle d'Elbe par les Anglais,	151
Révolte de Lugo,	158
Proclamation du général Augereau.	160

SOMMAIRE DU CHAPITRE IV.

Avant-postes du général Beaulieu enlevés, page 164
Enlèvement de la position de Bélone, 165
La garnison de Mantoue repoussée dans différentes sorties, 166
Attaque du camp retranché sous Mantoue, 167
Sommation faite au commandant de rendre la place ; sa réponse, 169
Arrêté du directoire de France pour rendre témoignage au mérite et aux intentions de Buonaparte, 171
Témoignage rendu au général Buonaparte par le général Hoche, dans une lettre écrite au ministre de la police, 175
Bruits alarmans répandus sur le sort de l'armée d'Italie, 181
Prise du poste de la Corona, de Salo et de Brescia par les Autrichiens, 183
Reprise de Salo par les Français, 186
L'ennemi battu à Lonado, 187
Reprise de Brescia par les Français, 188
Reprise de Salo, de Lonado et de Castiglione par les Français, 189
Prise de Saint-Ozeto par les Français, 193
Prise de Gavardo avec dix-huit cents prisonniers ; efforts du général Wurmser pour rassembler les forces qui lui restaient, 194

Trait de prudence de Buonaparte qui fait rendre prisonniers quatre mille Autrichiens devant Lonado, page 195

Déroute de l'armée de Wurmser à Castiglione et à la Chiesa, 197

Déroute des Autrichiens et levée du siége de Peschiera, 200

Reprise de Véronne par les Français, 201

Prise de Montebaldo, etc. 203

Témoignage rendu par Buonaparte à l'ardeur des Milanais, 206

Mesures prises par le commandant français à Livourne, pour écarter les Anglais de la rade du port de cette ville, 208

SOMMAIRE DU CHAPITRE V.

Retraite des Autrichiens derrière la ville de Trente; prise de Governolo et de Borgoforte devant Mantoue, 212

Discours prononcé au directoire, lors de la présentation des drapeaux pris par l'armée d'Italie; réponse du président, 214

Proclamation de Buonaparte aux Tiroliens, 218

Passage de l'Adige; mouvemens des différentes divisions de l'armée française, 220

L'ennemi chassé de San-Marco, de Pieve, du château de la Pietra, 222

Bataille de Roveredo, 223

DES MATIÈRES. 309

Prise de Trente et de Lavis ; arrêté de Buonaparte, page 226
Prise du camp retranché de Primolan et du fort de Covelo, 230
Bataille de Bassano, 232
Combat de Cerea où les Français ont le dessous, 238
Combat de Castellaro ; 239
Prise de Porto-Legnago, 241
Combat de Duecastelli 244
Wurmser se retire dans Mantoue ; bataille de Saint-George, 246
Déroute des Autrichiens à Governolo, 251
Cent cinquante hommes sortis de Mantoue, faits prisonniers à Reggio, 252
Feu mis à des Meules de foin devant Mantoue, ce qui cause une sortie de cette ville, 253
Buonaparte envoie au directoire les drapeaux pris sur l'ennemi ; discours lors de la présentation de ces drapeaux ; réponse du président du directoire, 254
Les Autrichiens dans Mantoue font une sortie, 260
Nouvelle armée autrichienne dans le Tirol, sous le commandement du général Alvinzi ; conduite du Gouvernement de Venise à l'égard des Autrichiens, 261
Sortie de Mantoue ; combat de Saint-Michel et de Segonzano, 263
Combat de la Brenta, 264

Combats de Saint-Martin, de Saint-Michel et de Caldero, page 266

Bataille d'Arcole, 267

Lettre de Buonaparte au directeur Carnot, 279

Lettre du général divisionnaire Berthier au général Baraguey d'Hilliers, 280

L'ennemi chassé de Castel-Novo, de Rivoli, de la Corona, et de Dolce, 282

Lettre de Buonaparte au général Clarke, 283

Lettre de ce général à la citoyenne Muiron et au directoire, 286

Les assiégés dans Mantoue font une sortie; message du directoire aux deux conseils, 288

Drapeaux présentés au directoire; discours; réponse du directoire, 290

Esprit public. 293

Fin de la Table du Tome quatrième.

Errata du Tome quatrième.

Page 19, *ligne* 8; à sécurité, *lis.* à la sécurité.
Page 54, *ligne* 8; le chef de brigade Lasne, *lis.* par-tout Lasnes.
Page 57, *ligne* 7; du, *lis.* de.
Page 58, *ligne* 15; dalla, *lis.* della.
Page 60, *ligne*. 3; un guillemet avant vous trouverez, et un autre à la fin de la *ligne* 19 de la même page.
Page 105, *ligne* 17; Conflo, *lis.* Conslo.
Page 108, *ligne* 7; Chariale, *lis.* Cheriale.
Page 115, *ligne* 8; prepriétés, *lis.* propriétés.
Page 175, *ligne* 24; des loix, *lis.* des rois.
Page 183, *ligne* 2; Legnano, *lis.* par-tout Legnago.
Idem, *ligne* 4; Roverdo, *lis.* Roveredo. Dans la note marginale; Carona, *lis.* Corona.
Page 204, *ligne* 12; *il ne faut point de virgule après* de.
Page 211, *ligne* 11; Covalo, *lis.* Covelo.
Page 251, *ligne* 7; Serarglio, *lis.* Seraglio.
Idem, *linge* 11; de Mincio, *lis.* du Mincio.
Idem, *ligne* 23; on leur fit, *lis.* on lui fit.
Page 273, *ligne* 26; en but à, *lis.* culbuta.
Page 279, *ligne* 6; le général, *lis.* les généraux.
Page 281, *ligne* 16; de six hommes, *lis.* six mille hommes.
Page 282, *note marginale*; Carona, *lis.* Corona.
Page 297, *ligne* 23; après étonneraient, *lis.* les soldats français.

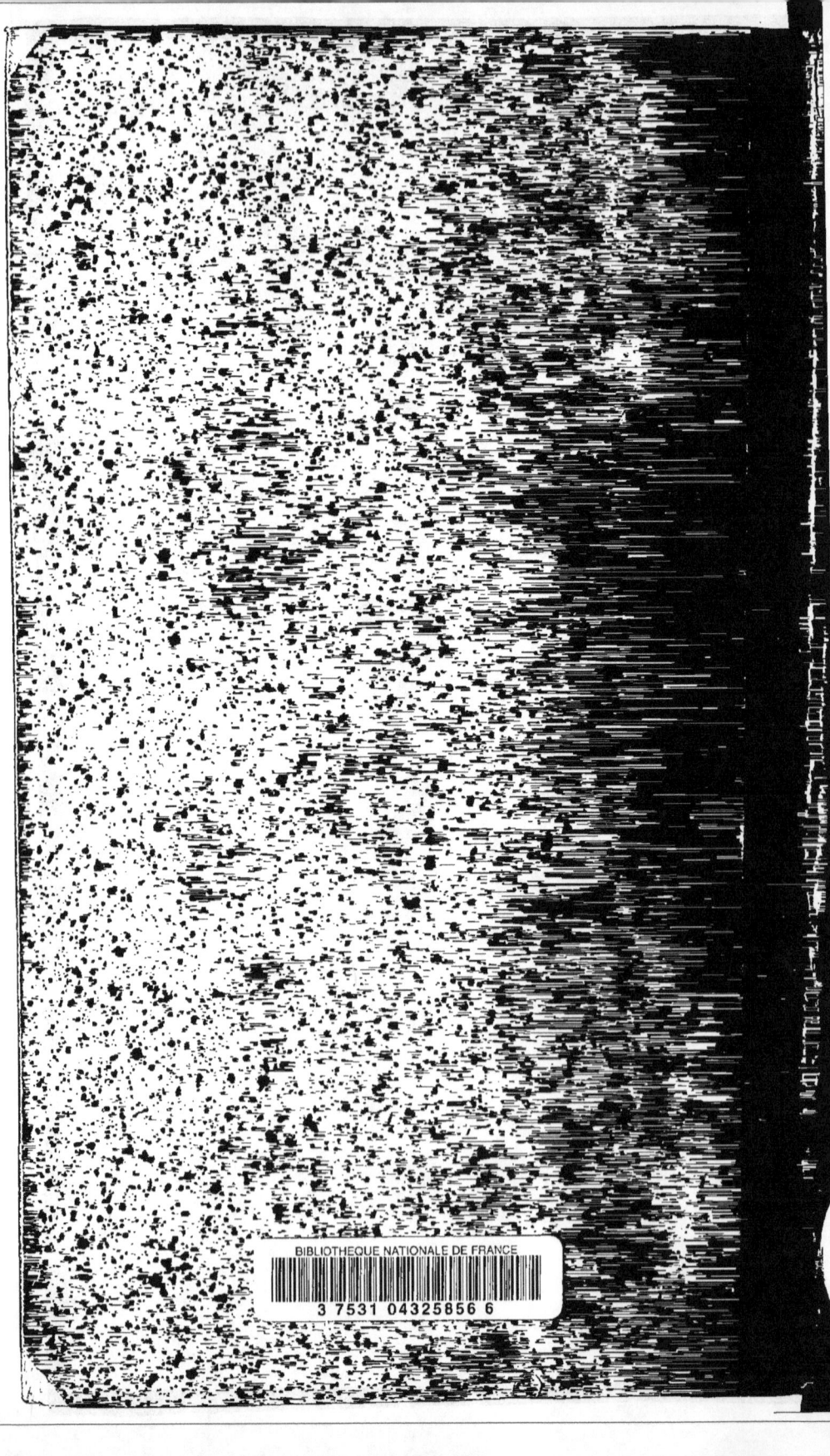

www.ingramcontent.com/pod-product-compliance
Lightning Source LLC
Chambersburg PA
CBHW070628160426
43194CB00009B/1396